城市政府成本
与政府效率问题研究

邹治平/著

中国财经出版传媒集团

经济科学出版社
Economic Science Press

图书在版编目（CIP）数据

城市政府成本与政府效率问题研究/邹治平著.
—北京：经济科学出版社，2017.7
ISBN 978-7-5141-8115-9

Ⅰ.①城… Ⅱ.①邹… Ⅲ.①国家行政机关-行政管理-成本管理-研究-中国 Ⅳ.①D630.1

中国版本图书馆CIP数据核字（2017）第113404号

责任编辑：于海汛　李　林
责任校对：隗立娜
版式设计：齐　杰
责任印制：潘泽新

城市政府成本与政府效率问题研究
邹治平　著
经济科学出版社出版、发行　新华书店经销
社址：北京市海淀区阜成路甲28号　邮编：100142
总编部电话：010-88191217　发行部电话：010-88191522
网址：www.esp.com.cn
电子邮件：esp@esp.com.cn
天猫网店：经济科学出版社旗舰店
网址：http://jjkxcbs.tmall.com
固安华明印业有限公司印装
710×1000　16开　16.25印张　210000字
2017年7月第1版　2017年7月第1次印刷
ISBN 978-7-5141-8115-9　定价：46.00元
（图书出现印装问题，本社负责调换。电话：010-88191510）

序

政府成本研究至今仍是前沿性课题。该领域的研究主要涉及经济学和管理学两大学科。就经济学方面而言，直接的是财政学、公共经济学和公共选择理论；管理学方面主要是行政管理和公共管理。财政学是产生于两百多年前的老学科。众所周知，它是从一般均衡理论研究国家（包括省、市地方）财政收支的依据，构成及对国家经济、社会发展的影响。这个领域的论著很多。公共经济学是20世纪60年代产生的以财政学为基础的新财政学。随着政府职能的迅速扩展，财政收支扩大到公共生产部门，它更侧重在政府干预下收支（主要是税收）和公共支出的分配效应，并注重严格的数理经济分析。20世纪70年代布坎南提出的公共选择理论是经济学的一个分支，也是公共经济学的发展，它是一种把“经济人”范式引入到政治科学的研究。如其创始人布坎南所说“可以把……经济学运用于政治科学：国家理论、投票规则、选民行为、党派、官僚体制等等”，“公共选择的方法论是经济学的，与经济学一样公共选择的基本假设是，人是自利的、理性的、效用最大化者”。上述这些经济理论为研究政府成本提供了经济理论基础，有助于更好地了解政府的决策行为。然而，这些理论并没有把政府作为研究主体和对象，专门研究各级政府的政府成本；同时，国家财政中涉及的只是政府的易于计算的直接成本，而不是政府成本之全部。管理学中的行政管理和公共管理主要侧重研究政府职能和政府治理模式的发展，从而为国家公共物品供给与管理效率的提高提供理论支撑。作为管理学的渊源，德国社会学先驱马克思－韦伯在他的经典著作《经济与社会》中系统研究了历史上国家统治体系的三种类型，即传统统治体系（封建统治体系）、魅力统治体系和现代官僚统治体系。研究了他所推崇的官僚体制的本质、前提和发展，分析了官僚体制行政机关存在的因素，由法律和行政规则确定的权限、分工和义务，以及逐级审查制度等问题。他认为现代官僚体制的行政管理，不仅有财政还得有十分重要的流通技术条件：铁路、航空、电话、网络等及它们的结合。指出这种行政管理意味着根据知识进行统治。应该说马克思－韦伯的研究是最早的和最详尽的现代政府形成和治理模式的研究，是政府共管理理论的基础。然而，管理学理论也没有直接政府成本。

政府成本的研究成果寥若晨星，至今仍处于前沿。其缘由，就我国而论，是否是：第一，政府成本，看似简单，实为一个复杂的系统。究竟哪些属于政府成本，研究见仁见智。我们常见的财政支出中的政府消费与投资只是政府成本的一个部分，即直接成本部分。此外，还包括机会成本和决策成本。这两种成本也是复杂的系统，不仅在界定上还是在计量上都是比较复杂的。第二，社会上甚至包括一部分学界中存在忽视这一研究的现象，认为作为政府其执行力和政绩表现是主要的，而成本多少则可“忽略不计”。于是，就出现了政府行为研究中更多的是政府职能之发展、政府政绩指标等方面的成果。第三，权、钱结合之后，必然产生腐败，这就必然加大政府直接成本和社会成本。研究和计量这种成本，难度不小。不仅如此，政府成本研究是在体制改革的前提下进行的，会遇到某些既得利益者的抵触，有一定的风险。由于这几种原因，就会产生政府成本研究中“不愿于”“不屑于”“不敢于”的问题。这些研究中的认识误区，应当匡正。

我国正处于经济体制转型期，改革开放近40年来，经济社会发展神速，目前已成为世界第二大经济体，已成为世界经济发展及国家治理的重要引擎和负有重大责任的大国。中国共产党的治国理政思想已在不少国家奉为经典。举世瞩目的发展说明我国在政府与市场的关系、政府职能、政府管理体制、公共产品与公共服务的生产与运营等方面，理论和实践方面都有了重大发展。而城市作为地区和全国发展的重要核心，政府在贯彻国家方略中央政府方针、政策，合理配置地方资源优势，提高居民福祉等方面积累了丰富的经验。实践的发展赋予科学研究重大使命，加强政府成本的研究必将进一步推进国家政府职能与效绩，提高政府行政效益和效率，具有重要的理论与实践意义。

基于对国家的责任，邹治平以“城市政府成本与政府效率问题研究”为题，完成了他的博士学位论文。又经过十余年他在财政、金融方面的工作实践，验证了这项研究成果，具有出版的价值，在做了必要的补充与修改后决定付梓。

这本著作是作者检阅了国内外大量研究成果之后，对政府职能的发展、城市政府成本的内涵及度量，城市政府成本扩张和中国政府的公共选择、政府绩效的基本理论与实践、评估指标与度量，以及城市政府效率和提高途径等一系列问题进行了潜心的研究。其主要的创新和贡献有以下几个方面：

第一，政府成本的内涵与分类的研究。这是研究政府成本的基础。作者在这方面对前人的成果（如国内的周镇宏、何翔舟《政府成本论》2001 等）有重要的发展，他更全面的，也就是多种视角的，对政府成本进行了分析。提出政府成本首先按性质分为政府直接成本（会计成本）、机会成本和社会成本，后二者可称为间接成本；其次按构成分为人工成本、采购成本和决策成本，其中决策成本还包括决策的机会成本和社会成本；再次按受益与否又分为政府消费成本、政府投资成本和决策成本；最后按照政府成本影响周期的长短，又分为短期成本和长期成本。这些分类不是互不联系、互不包容和替代的，它们存在相互的有机联系，研究政府成本要进行全面的分析，但在计量时应以一种分类为主兼含其他。应当说，这种研究能够客观地、全面地反映政府成本之现状，具有很好的说服性。

第二，决策成本的提出和内涵的研究具有新意。在政府成本的研究中一般的都注重于已发生的可计量的政府支出，即直接成本的研究，忽略政府决策成本，而决策却是政府行使主权时的首要行为，非常重要。作者认为政府决策时政府行为是高度权威化的体现，一切政府行为都是由政府决策产生的。而政府决策的成本又是一个相当复杂的概念，不仅包括决策过程中发生的各种费用，如决策调研、决策制定、决策执行和决策监督等方面的费用，而且还包括决策的机会成本和社会成本，科学正确的决策当然最为理想，因为它的成本只包括上述的一些费用。但是，次优甚至错误的决策并不少见，这当然包括巨量的机会成本和社会成本，事实上这也都是常态。我们政府的决策之欠缺或错误由都是事后发现的，机会成本与社会成本已经早已发生。这都是决策中把政府作为“经济人”的概念淡薄所导致的。因此，提出决策成本的概念对政府推行决策的科学化、合理化具有重要意义。

第三，建立政府成本指数与测量模型，为政府成本计量研究奠定基础。作者从理论与实践的结合上，选择了第三种政府成本分类法，即政府消费成本、投资成本和决策成本的分类，分别研究了各种政府成本的影响因素和构成，并据此建立了各种政府成本的指数及综合计量模型，特别是其决策成本中的机会成本和社会成本的构成。成本指数和计量模型的研究，相当详尽且具有很好的操作性。这在国内研究中并不多见。其中不少分析，例如把“寻租”列入社会成本内容等问题的分析，也极为重要。

第四，在界定政府绩效的范畴，建立政府成本指数、政府绩效指数以及政府效率指数的计量模型等方面，均做了创新性研究。作者在研究政府绩效与政府效率的关系时，提出二者不是一个概念。他指出人们经常将这二者混为一谈，实际上二者是相关的两个不同的范畴。政府效绩是政府的“有效产出”，而政府效率指的是政府行为的“质量”，它由政府成本和政府绩效共同决定。正如工程学中机械效率是指做功过程中有用功与总功之比，效率越高，有用功越多。因此不能以政府的“产出”来直接衡量政府绩效。这一界定是对准确研究政府绩效的计量是非常重要的。在这基础上，作者详尽地研究并建立了政府成本指数。进而依据政府的经济职能和社会职能及其在我国的实践，建立了政府效绩指数体系和政府效率指数的计量模型。这些研究是相当严谨的，对提高我国政府效率具有很好的参考价值。

邹治平博士的《城市政府成本与政府效率问题研究》这一著作，无论在写作过程及完成后的实践检验，都显示了一位青年学者的拳拳之心。当然，这一研究还是一种“始发性”的，可能有偏颇与不当之处，需要进一步研究的问题也还有许多，但我仍很愿意推荐给专家学者和治国理政的广大实践者，如能引起讨论，推动我国经济社会发展的实践实属幸事。

郭鸿懋

2017 年 5 月 30 日于南开园

前　言

我国从计划经济向市场经济体制转型已经历20余年，市场经济体制框架已基本建立。其间政府职能发生了巨大转变，由传统体制下的“包揽一切”变革到只是在市场失灵领域发挥作用，由传统的“统治型管理”变革到“服务型治理”，政府的经济调节、市场监管、社会管理和公共服务四大基本职能逐渐规范和高效，行政理念、行政方式、行政效率也都在发生变化。作为处于我国行政管理体系之中观层次的城市政府，职能也在不断调整，主要向导引、规范、治理、服务和经营五个方面转变。

城市政府履行职能会发生巨大的行政成本，包括以财政支出为主体的直接成本和由于决策或行政失误而引起的间接成本。按照性质、构成以及政府是否获取“投资回报”为标准，可对政府成本进行三种不同的分类。从性质上可分为政府直接成本、机会成本和社会成本；从构成上可分为政府人工成本、采购成本和决策成本；从政府自身是否获取“投资回报”可分为政府消费成本、投资成本和决策成本。为便于计量，本书按第三种分类方法来设计测度政府成本的指标体系。城市政府消费成本相当于政府一般公共服务支出以及政府职能部门的行政运行成本；投资成本包括公共安全支出、教科文卫支出、农林水利支出、基础设施支出、转移支付等；决策成本包括决策的机会成本和社会成本，而社会成本又包括灾害损失性社会成本、生态环境性社会成本和寻租性社会成本等。在选择合适指标对各分成本进行测度的基础上，利用科学的统计方法进行合成，得出政府成本指数。

西方公共财政学派和公共选择学派分别从不同视角解释了政府成本不断膨胀的原因。公共财政学派认为源自三个方面：社会进步的必然需求、外部“突然”因素影响和财政支出构成日趋庞杂。公共选择学派认为源自五个方面：公共产品供给、收入再分配、利益集团诱导、官僚目标和财政幻觉。中国政府规模的扩张自有其因。

政府绩效评估是一项复杂的系统过程。本书将绩效分为广义和狭义两个范畴，在研究时用的是狭义概念。就是指政府行政行为的“有效产出”，包括决策绩效和公共支出绩效两个方面。决策绩效主要通过人均 GDP 及 GDP 增长率、财政收入增长率、人均可支配收入等指标来衡量。公共支出绩效从总量和结构两个维度来衡量。总量绩效通过财政支出对 GDP 的贡献率衡量；结构绩效从科研支出、教育支出、文化支出、卫生支出、公共安全、生态环境、社会福利等方面分别选择合适的指标来度量。在此基础上，再利用合适的统计方法进行合成，得出政府绩效指数。

政府效率是对政府行政质量的综合评价，通过政府绩效与政府成本的比值来度量。政府效率指数也就是二者的指数之比。由此可知，提高政府效率主要从降低政府成本和提高政府绩效这两方面来考虑。

本书从探讨市场经济条件下我国城市政府的职能转变入手，从理论上对城市政府的行政成本、绩效及效率进行了探讨，较系统地构建了一套测度政府成本、政府绩效与政府效率的指标体系。全书共分七章。第一章对本书的研究背景、研究意义、研究思路、研究方法、研究结构以及主要创新点进行了介绍。对国内外有关政府成本、绩效和效率的研究状况进行了梳理。第二章对市场经济条件下我国城市政府的职能范围进行了探讨。第三章分析了政府成本的内涵、性质并对其进行测度，进而得出政府成本指数。第四章比较分析了公共财政学派和公共选择学派关于政府规模扩张的原因解释，并对中国政府规模扩张的原因进行了探讨。第五章对政府绩效的含义、性质以及政府绩效评估的状况进行了探讨。第六章选择合适的指标对政府绩效进行测度，得出了政府绩效指数。第七章对政府效率的含义及其指数的测算进行了探讨，并根据其特点提出提高政府效率的途径。

本书主要在政府成本分类、政府决策成本的内涵及其构成、推进政府绩效与政府效率的相关理论、建立政府成本指数、政府绩效指数以及政府效率指数的计量模型等方面进行了创新。

光阴荏苒，在当年博士论文写作时，国内外关于政府成本和政府效率的研究刚刚兴起，能查到的资料极为有限。近些年来，随着我国体制改革的不断深入，学界对该领域的研究日趋活跃，学术成果屡屡面世。在本书修改出版过程中，我有幸将能找到的学术成果逐一拜读，对本书的修改又创生了不少新的火花，在此一并致谢！由于水平限制，本书定有许多不妥之处，希望读者和业内朋友们批评指正。

邹治平

2017 年 3 月

目　录

第一章

导　　论

第一节　问题的提出

一、研究背景

政府是一个特殊的社会组织，它代表国家担当着组织和管理社会的职能。不同国家以及同一国家的不同时期，由于政治体制和经济体制的类型不同，政府的职能范围也有着很大差异。国内外关于政府的研究由来已久，对政府的职能范围、行政行为和行政政绩等研究得比较深入，对于政府成本及其效率（即成本—效益分析）的研究还处于初始阶段。有限的既有研究也多限于定性分析，没有进行量化评测。随着我国经济体制改革的不断深化，与之相适应的政治体制改革也在逐步推进，以政府职能转换、政府机构调整为主要内容的政府改革正在步步深入并取得了很大成效。处于我国行政管理体系之中观层次的城市政府，在行政职能、行政理念、行政方式等方面也正发生着深刻的变革，曾一度被忽视的政府成本及政府效率问题日渐瞩目。特别是在城市化加速阶段，加强对城市政府成本和效率问题的研究，对于引导和推动城市化进程有着重大的理论和现实意义，同时也有利于我国政府的职能转换和体制改革的推进，为市场经济体制的日趋完善提供必要的支撑和保障。

二、研究意义

（一）理论意义

1. 丰富了政府成本、政府绩效和政府效率的基础理论

第一，增加了政府成本研究的新视角。既有研究都是从性质上对政府成本进行分类，分为直接成本和间接成本。本书又增加了两种分类：一是按构成分为政府人工成本、采购成本和决策成本，二是按政府是否获取支出“回报”，分为政府消费成本、投资成本和决策成本，后者又包括机会成本和社会成本，而社会成本又分为灾害性社会成本、生态性社会成本和寻租性社会成本，并对各成本构成的特点和性质进行了探讨。

第二，明确区分了政府绩效与政府效率的内涵。指出政府绩效和政府效率是两个不同性质的概念，并分别对其构成和性质进行了分析。

2. 建立了政府成本、政府绩效和政府效率的计量模型，有利于推进政府行政效率的定量研究

在对政府成本、政府绩效和政府效率定性探讨的基础上，还开展了定量分析。分别选择合适的指标进行度量，测算出政府成本指数、

政府绩效指数以及在二者基础上得出的政府效率指数，为定量分析政府行政质量作出了一定贡献，也充实了政府经济学理论和公共管理理论。

（二）现实意义

1. 我国经济体制和政治体制改革的必然要求

我国已基本实现了从计划经济体制向市场经济体制的转型。在计划经济时期，政府掌控着所有的社会资源，社会经济是在“家长负责制”下运行，政府只需“以收定支”能做到“入能敷出”便可。但在市场经济条件下，市场是配置资源的基础性手段。政府职能发生了根本性转变，只是在市场失灵领域行使职能。政府收入来源于纳税人，纳税人和政府之间是“委托—代理”关系，纳税人的目标是追求效用最大化。因此，政府支出理应为纳税人服务，且支出内容、用途和方式等还受纳税人监督，这要求政府必须树立成本效率意识，不断提高行政质量，最大化提高“成本—收益率”。

2. 有利于社会资源的优化配置

政府行政行为所产生的直接成本以及所造成的间接损失都不由自己直接承担，这难免会导致只追求“表现”和结果而不计成本的现象，造成社会资源的低效配置甚至是错误使用。比如，为了促进经济增长而不惜破坏生态环境，为了维护交通秩序就不惜增派警力，为了捞取政绩而大搞形象工程，等等。究其原因，主要有两个方面：一是政府绩效考核通常只考核结果，而没有考核成本；二是政府成本不由政府自己承担，决策成功了对其有利，失败了却对其无损。若将政府成本也纳入政府考核范围，就会激励政府提高成本—效率意识，一方面尽量节约直接支出而减少直接成本，另一方面还要估量政府决策及支出的效果，考虑相应的机会成本和社会成本，努力追求资源配置的“帕累托最优”，使有限的资源尽可能高效利用。此外，对城市政府而言，低廉的成本通常会吸引更多的域外资源流入，进而推动全社会资源在区域之间优化配置，提高使用效率。

3. 有利于提高社会成员的福利水平

社会福利是由不同的社会系统共同提供的产品或服务组合。政府是社会福利的最主要供给者，包括教育、医疗、生态、环境、社保、秩序等多个方面，内容广泛，规模庞大。政府发生的成本及错误决策所带来的损失是由纳税人承担，政府成本降低意味着纳税人负担减少，这实际上会导致纳税人福利水平提高；反之亦然。而且，政府成本和政府绩效会同时对社会福利产生影响。如果政府高绩效增加了社会福利，但同时也发生了大量的成本，这样就会使增加的福利大打折扣；如果成本过于高昂，还会使原有的福利绝对减少。因此，加强对政府成本、绩效及效率的研究对提高社会福利水平也有着重要意义。

4. 为提高政府行政质量提供必要的理论基础和技术支持

政府的主旨是通过公共行政维护公共利益，核心职能是提供公共产品和公共服务。政府在履行职能时不一定能尽善尽美，几乎所有国家都经历过机构臃肿、支出膨胀、效率低下的困境，政府变革是世界性长期话题。因此，为政府改革提供一套完善的政府成本和政府效率指标体系颇显必要。另外，从经济学视角看，作为“理性经济人”的政府，即使很注重成本—效益分析，通常也会因为缺乏相关的理论基础和实践经验而踌躇不前，只能“摸着石头过河”。因此，研究政府成本和政府效率可以为政府决策和行政提供必要的指南，从而减少甚至避免一些不必要损失。

第二节 国内外研究现状综述

一、国内研究现状综述

（一）国内关于政府成本的研究综述

国内关于政府成本的研究开始于2000年左右，比较有影响的是何翔舟和周镇宏二人合撰的论文《论政府成本》曾被《经济要参》分六期连载，并被《新华文摘》转摘。该文从经济学角度界定了政府成本的概念，从性质上对政府成本进行了分类，分为会计成本、机会成本、风险成本、社会成本、边际成本等。此外还探讨了降低政府成本的措施，如加快政治体制改革、加强行政控制和法律监督、通过计划、财政、货币等经济手段进行调控等。在该论文基础上撰写的《论政府成本》专著于2001年出版。此后，有关政府成本的研究异军突起，但大多观点都是引用或参考何和周的观点，如张丽华、李春雷、顾丽春等学者基本上都是从政府成本的性质、分类、控制等角度对政府成本进行了定性探讨，没有进行定量分析。傅光明、李才成、许丽娟、桑玉成等对政府直接成本的构成、控制等进行了研究。王俊豪对政府管制成本进行了分析，认为政府在有关管制的立法、执法、修改以及放松或解除过程中都要发生成本，可分为政府管制立法成本和执法成本，这些也是属于直接成本范畴。人事部和国家发改委曾联合对“中国政府人工成本”开展课题研究，从财政学角度对广东、北京、上海、深圳等11个省市以及海关总署和民航总局的人工成本进行了实证分析，探讨了如何从控制财政支出规模出发来降低人工成本。杨茂云、马善记、梁伟年、许红萍等就政府人工成本的构成及控制进行了研究，相当于何翔舟论文中的“政府会计成本”。袁峰、孙文龙、姚乐、杨顺招等从机构改革角度探讨了降低政府成本暨建立廉价政府的措施等，也属于政府人工成本范畴。研究政府成本的最终目的是如何降低政府成本。何翔舟研究的是全成本概念，他认为降低政府成本要多管齐下，可以从政治体制、行政机制、经济手段等多方面着手。近年来，何翔舟（2008、2010、2012）又对政府职能及公共活动、政府成本的理论框架、政府管理半径及其对政府成本的影响、政府决策的机会成本和风险成本等进行了多项更深入的研究，分别探讨了政府成本与政府规模、财政收支、公共产品、政府管理、体制改革、政府垄断等多因素的关系。卓越（2011）对政府成本控制进行了专题研究，从政府规模成本、运行成本、决策成本、交易成本、生产成本和会计成本等多个维度对降低政府成本进行了探讨。樊燕（2014）从重塑政府运行管理模式、创新专业化制衡机制、加强 E－政府建设等方面提出了降低政府运行成本的思路。罗振宇、幸宇（2012）对西部地区县级政府行政成本进行了专题研究，提出应从建立和完善县级政府集中采购制度、创新国库集中收付制度、加强电子政务建设、改革“三公”制度等角度提出了降低政府成本的措施。

胡鞍钢和过勇（2002）、何鹏举（2002）、王秉祯（2001）等对公务员的腐败成本进行了分析，认为由于制度安排的缺陷导致腐败成为“高收益、低风险”、而廉洁成为“低收益”的行为，腐败成本即道德损失、法律风险等比较低，而其“收益”即贪污、受贿额等却比较高，导致腐败行为频频发生。他们还就如何提高腐败成本、控制腐败行为等进行了探讨，如加强对腐败行为的检举、惩处力度等。虽然没有直接提到“政府成本”这一概念，但本质上也属于政府成本范畴。“腐败收益”就是由于政府行为给社会造成的损失，在本质上属于政府社会成本的范畴。提高腐败成本、控制腐败行为实际上就是在降低政府社会成本。

（二）国内关于政府绩效和政府效率的研究综述

国内关于政府绩效的研究要相对丰富。代表性学者有臧乃康、周志忍、卓越、蔡立辉、张璋等，主要从概念、特点、分类、影响因素、提高措施等方面进行了探讨，都认为进行定量绩效分析存在诸多困难。在政府绩效研究初期，学者们对政府绩效和政府效率并没有作严格区分，有学者将政府效率包含于政府绩效之中，也有将政府绩效包含于政府效率之中。臧乃康（2001）认为政府绩效是一个复合概念，它包括政府成本、政府效率、政治稳定、社会进步、发展预期等众多因素，大体上可分为经济绩效、社会绩效和政治绩效三种。周志忍（2000）、卓越（2003）认为公共部门绩效应包括“经济、效率、效益”三方面，政府绩效评估是对政府行为的质、量两方面业绩的综合评价。蔡立辉（2002）认为，政府绩效评估就是对政府公共部门管理过程中投入、产出、中期成果和最终成果所反映的绩效进行评定和划分等级。有关这方面的研究还有很多，如张建平（2003）、林琼（2002）、张菡（2003）、徐双敏（2003）等，观点基本和前述一致，兹不一一列举。同政府成本一样，界定政府绩效只是阶段性目标，最终目的是要提高政府效率。学界在这方面基本持一致观点，认为应从加快行政体制改革、引入竞争机制、转变工作作风、提高办事效率等方面努力。

中国行政管理学会曾受国务院委托开展了题为“政府机关工作效率标准”（以下简称“效率标准”）课题研究，重点探讨了制定“效率标准”的实践意义，分析了政府绩效管理的“三 E”（即经济、效果和效率）标准，梳理了美国、英国的政府绩效管理实践。比如美国 1994 年颁布的“政府绩效与结果法”，英国 1979 年开始的“雷纳评审”等。

对我国部分地区实施绩效管理的实践进行了定性分析，包括目标责任制、社会服务承诺制和效能监察等内容，并对我国建立政府效率标准提出了原则性建议，建议政府角色重新定位、制定“政府绩效与政策评价法”，将绩效管理纳入政府改革方案等。

近年来，随着我国政治体制改革的不断推进，国内关于政府绩效的探索和研究如雨后春笋，琳琅满目。各级政府都结合各自实际尝试性开展了不同方式的政府绩效考核方案。学术界也开展了丰富的研究，郑方辉等自 2007 年起，每年都出版《中国政府绩效评价报告》红皮书，从促进经济发展、维护社会公正、保护生态环境、节约政府成本、实现公众满意等多个维度、分别赋予相应的指标和权重对政府绩效进行测定，每年还结合实际对指标体系进行修订和完善。受中国行政管理学会委托，鲍静等（2012）选编了近年来有关政府绩效评估和效能建设的研究报告和论文，结集出版《政府绩效管理理论与实践》一书，包括对政府机关工作效率标准、政府部门绩效评估、政府效能建设等方面的理论探讨，也包括对我国环保部、国家公务员局、北京市政府、成都市政府、各国政府绩效评估状况等方面的实践总结。朱衍强（2013）以深圳的实践为例，探讨了中国地方政府绩效管理的现状、评估体系和优化思路。

二、国外研究现状综述

（一）国外关于政府成本的研究综述

国外在研究政府成本时有一个典型特点是没有将政府成本作为一个整体在一篇文章中全面分析。大多数是对政府直接支出即直接成本进行分析，如政府支出规模、公共部门规模等；而对政府间接成本涉及不多，往往是结合案例对相关成本（如政府规模、政府行为的社会成本等）分别进行分析，如政府供应能源的不同方式所产生的社会成本、能源部门定价的社会成本、铁路规制的社会成本、航空管理部门对飞机噪音污染的社会成本管制、保护生物多样性的机会成本等。R·洛维（R. Lawrey，1999）①、E·波维茨（E. Bowitz，2001）和M·D·特朗（M. D. Trang，2001）② 分别就能源部门定价问题的社会成本以及对政府供热方式的影响进行了分析，他们认为能源供应的全部社会成本应包括能源的直接生产成本和能源生产和使用过程中的环境成本（如二氧化碳、酸雨、有害气体对农作物等的损害等），并利用对二氧化碳等污染物的征税额来测算不同供热方式的社会成本，进而得出每种供热方式的总成本。J·西门斯（J. Semmens，1979）③ 对政府管制铁路可能产生的社会成本如运输总成本高昂、资源不合理配置、效率低下等方面进行了探讨，但没有进行定量分析。P·摩里尔（P. Morrell，2000）和H·Y·鲁（H. Y. Lu，2000）④ 利用经合组织（OECD）发布的噪音损害价格评估方法，对飞机噪声可能产生的社会成本进行了分析，并提出了一些改进办法。

国外关于公共部门规模的研究有三大经典模型：瓦格纳的“财政支出不断增长法则”、皮考克和威茨曼的“财政支出阶梯型渐进增长理论”和马斯格雷夫及罗斯托的“财政支出增长发展模型”。瓦格纳认为，一国的工业化发展与该国的财政支出规模之间存在着一种函数式因

① Roger Lawrey：Full social cost pricing in the energy sector，International Journal of Social Economics，Vol. 26，No 7/8/9，1999，pp. 925－944.

② Einar Bowitz，Maj Dang Trang：The social cost district heating in a sparsely populated country，Energy Policy，29（2001），pp. 1163－1173.

③ John Semmens：The Social Cost of Railroad Regulation，The Freeman，December 1979，Vol. 29，No. 12.

④ P. Morrell，C. H. Lu：Aircraft noise social cost and charge mechanisms，Transportation Research，Part D 5（2000），pp. 305－320.

果关系。在工业化经济中，社会进步是财政支出增长的基本原因。经济增长中引起的市场秩序及外部性问题要求政府进行规范和解决，由此导致政府规模增长。皮氏和威氏认为，随着一国经济增长和税收收入提高，财政支出呈现渐进增长态势。当社会发生突变时，政府支出水平会大幅提高，政府应对突变的成功增加了人们对政府的信心，也诱导性提高了对政府的期望，要求解决以前被忽视的一些问题，从而支持政府扩大支出规模，出现新的税收容忍水平。马氏和罗氏认为，在经济发展不同阶段，财政支出的构成会有所不同，但支出规模不断扩大是必然趋势。在经济发展早期阶段，政府需要提供交通、水利、通信等基础设施，而提高公共支出水平；到经济发展中期阶段，公共投资会有所减少，但市场失灵要求政府加强经济干预，干预支出会增加；经济进入成熟阶段，政府需要为满足人们更高层次的需求，如教育、卫生、安全、保健等，而增加公共支出。

自 20 世纪 60 年代开始，以布坎南为首的公共选择学派也开展了政府规模问题研究，代表人物有布坎南、鲍莫尔、诺思、塔洛克、艾利斯、缪勒等。他们把“经济人”范式扩大到政治领域，以严格的“自利”动机来塑造所有的公共选择者，包括政治家、官僚和选民，认为没有必要把政府行为理想化。从人类理性角度看，政治家和官员们也拥有人类共同的弱点，即便他们的动机是公共利益，但行为结果很难把握，很多官僚都会不断地寻求机遇去提高自己的官阶、权力、薪俸和特权。越是官僚主义盛行的部门，“寻租”就越容易。为达到不劳而获或者少劳而多获的目的，人们会越发努力地“挤进”该部门。这一切不可避免地导致政府管理领域扩大、机构膨胀、人员增加。他们从五个方面解释了政府规模不断扩张的理由，包括政府提供公共物品和消除外部性的价格不断增加、利益集团的诱导、官僚体制的力量、财政幻觉假说等。

此外，M·卡茨米（M. Katsimi，1998）① 也对公共部门规模进行了分析，认为公共部门规模主要受“需求”驱动，受经济周期波动、官员重新当选的心理愿望等因素影响，政府规模扩张有利于人们的预期就业，但对人们的预期消费却起着负面作用。国际货币基金组织（IMF）曾发表题为“政府成本和公共资产的误用”（The Cost of Government and the Misuse of Public Assets）② 的报告，其中的政府成本就只是指政府消费支出。美国佛罗里达州政府在“佛罗里达政府成本节约的估价（1980～1997）”（Assessment of Florida Government Cost Savings，1980－1997）③ 报告中对政府成本的构成也是只从财政支出的角度进行了分析。

综上可知，国外对政府成本的研究大多停留在对政府规模扩张的解释，这相当于政府直接成本，而对于政府间接成本如机会成本、社会成本涉猎得相对要少。在涉及政府间接成本时，往往是针对具体案例来分析，而不是全面地分析政府成本体系。

（二）国外关于政府绩效的研究综述

西方对公共部门绩效评估的研究起始于第二次世界大战期间，繁盛于20世纪70～80年代的行政改革国家，特别是英、美等国。起始期的代表性著作是1938年克莱伦斯·雷德和赫伯特·西蒙的《市政工作衡量：行政管理评估标准的调查》一书，探讨了人们应如何选定一定的标准来判断自己拥有的是有效还是无效政府。繁盛时期的研究成果颇丰，美国对政府绩效研究最有影响的当属设于马克维尔大学（Maxwell University）的“坎贝尔研究所”。坎贝尔是美国前总统卡特的人事改革顾

① Margarita Katsimi：Explaining the size of the public sector，public choice 96，1998，pp. 117－144.

② www. imf. org/external/pubs/ft/wp/2000/wp00180. pdf.

③ http：//www. floridataxwatch. org/archive/twsaving. html.

问、联邦人事总署署长、著名教授。该所从1998年开始，对全美50个州政府的政府绩效开展评估。评估对象主要侧重于政府组织，主要从政府财政管理、资产管理、人力资源管理、信息技术管理和结果管理等五个维度进行考核，将评估结果以杂志、专门报告等形式公布于众，结果基本能得到社会的承认。除机构研究外，个人研究成果也颇为丰富。美国学者帕特里夏·基利和史蒂文·梅德林等在《公共部门标杆管理：突破政府绩效瓶颈》（2002）一书中，用生动案例阐明了政府实行标杆管理的前提条件、如何作出标杆管理战略规划以及如何使标杆管理获得成功，认为运用标杆管理这种强有力的最前沿管理手段能够极大地提高政府绩效。马克·G·波波维齐以其参加政府改革的亲身经验，撰写了《创建高绩效政府组织》（2002）一书，精辟地指出政府改革成功的关键在于提高政府绩效，并对创建高绩效政府的途径进行了深入探讨。奥斯本和盖布勒在《改革政府》（2006）一书中，主张用企业家精神来改革政府，为政府改革开了“十剂药方”，认为政府应具有竞争性、使命感、讲究效果、顾客导向性、有预见性、市场取向性等良好特性，借以克服官僚主义，提高政府绩效。奥氏和盖氏总结的改革经验和提出的重塑政府理论影响很大，受到美国前总统克林顿的关注。克林顿执政期间，政府机构改革的取向是适应市场，提高效率，增强社会活力，减少官僚主义，改革成就也是有目共睹。1993年美国的《政府绩效与结果法》（即GPRA）应该说是政府绩效评估达到高潮的标志，它要求所有的联邦机构开展绩效评估并向民众报告自己的绩效状况。B·盖伊·彼得斯在《未来政府的治理模式》（2001）中对不同国家的治理模式进行了归纳和总结，根据各国政府治理模式的不同，将政府分为市场式政府、参与式政府、弹性化政府和解制型政府，并分析了每种模式的特征和利弊，旨在为提高政府绩效提供一定的理论支持。

除理论研究外，国外政府绩效评估实践也颇为活跃。英国从20世纪60年代开始对公共部门生产力进行测定，到80年代在中央各部门进行了持续数年的大规模“雷纳评审”，在此基础上建立了较完善的绩效评估机制，广泛运用于中央和地方各层级政府部门及其他诸如学校、国民保健等公共部门。1989年，负责监督绩效评估实施的中央财政部认为，在34个中央部门中已有26个建立了较满意的绩效评估机制，政府各部门为评估而制定的绩效指标也不断丰富和创新，到1989年就已达到2327个。美国也早在1973年就出台了“联邦政府生产力测定方案”，力图使政府绩效评估系统化、规范化，有关部门据此设计了3000多个绩效指标。另外，自20世纪90年代以来，加拿大、丹麦、芬兰、挪威、新西兰、荷兰、澳大利亚等国也广泛开展了公共部门绩效评估。

从相关资料来看，国外政府绩效评估都只是评价政府行政的“结果”，是“产出”性的，并没有考虑“产出”的效果，即“产出”是否“有效”的问题。

（三）国外关于政府效率的研究综述

政府效率是随着行政管理理论的发展而产生并不断发展的，最早可追溯到科学管理时代，该时期有关效率的研究促进了行政管理理论的诞生，进而出现了行政效率、政府效率等概念。

1. 企业管理中的效率研究

效率研究发端于管理学，也是管理实践追求的最主要目标。吸收和借鉴管理学中有关效率的研究成果，对认识和研究政府效率有指导意义。

（1）“科学管理”的诞生。这是效率研究的起源。科学管理之父泰勒（Frank. I. Taylot）对寻求以效率和系统化为特点的科学管理时代起了首要推动作用。泰勒通过对工厂“磨洋工”的观察，“打算用科学的方法来确定工人们用他们现有的设备和原材料所能完成的任务。这便是科学管理的真正开始。”① 泰勒科学管理的根本目的就是谋求最高效率——这是雇主和雇员达到共同富裕的基础。较高的工资和较低的成本统一起来，才能为发展再生产创造充分的条件。他认为，“管理的主要目的应是在确保每一个雇主获得最大限度财富的同时也确保每一个雇员能获得最大限度的利益。”② 达到最高效率的重要手段是用科学化、标准化的方法来代替往日的经验管理，如制定科学的规程、科学的挑选工人、管理和劳动相分离但管理者和劳动者要密切合作、对工人的教育和培训等。更重要的是泰勒认为科学管理的实质是“一场伟大的心理革命”，“双方……共同把注意力转向增加剩余上，一直到剩余大大增加，以致没有必要就如何分配剩余的问题进行争吵为止。”③ 可以看出，泰勒科学管理的基础就是那些科学且合理的解决问题的方法，至于具体方式，如计件工资制、职能工长制、计划制订与执行分开以及“心理革命”等，都是为提高效率服务的。

（2）效率主义的发展。继泰勒之后，卡尔·乔治·巴思、亨利·劳伦斯·甘特、弗兰克·吉尔布雷思和莉莲·吉尔布雷思、哈林顿·埃默森以及莫里斯·卢埃林·库克等也都站在科学管理运动前列，他们从组织形式、管理方法、管理理念和效率主义的应用范围等方面继承并发扬着泰勒的效率主义思想，使效率主义得以广泛传播。如巴思的“计算尺”、甘特的“任务和奖金制度”和“图表管理”、弗兰克·吉尔布雷思的“建筑方法”、莉莲·吉尔布雷思的“管理心理学”、埃默森的“直线和参谋组织”以及“效率的十二原则”、库克在教育部门和市政

---

① ［美］丹尼尔·A·雷恩著：《管理思想的演变》，中国社会科学出版社 2002 年版，第 143 页。

② 泰勒：《科学管理原理》，纽约：哈珀—罗出版公司，1947 年版，第 7 页。

③ 听证会记录，第 1387 ~ 1389 页。转引自：［美］丹尼尔·A·雷恩著：《管理思想的演变》，中国社会科学出版社 2002 年版，第 169 ~ 170 页。

组织中的"'学生时'衡量标准"以及"效率薪水"等。自此，效率主义逐渐在科学管理中有了自己的学说，继而不断向学术界、企业界以及国际社会广泛扩展。

2. 行政管理中的效率研究

（1）行政效率研究的萌芽。在企业效率主义迅猛发展之时，行政管理理论作为一个独立的研究领域应运而生，代表人物是法国著名管理学大师亨利·法约尔和德国社会学家马克斯·韦伯。

亨利·法约尔通过对管理过程的研究创立了第一个有关行政管理的理论。他提出了"分工、权力、统一指挥、统一指导……"等14项管理原则以及"计划、组织（包括人力资源管理）、指挥、协调、控制"等管理5要素，其中前两个要素更为其重视。他将管理和行政管理区分开来，认为管理是指导企业朝着自己目标前进的所有工作，而行政管理是管理者工作中"仅对人事有影响"的那一部分。这些术语在今天看来很普通，但在当时却具有划时代意义。他提出的管理理念可谓是管理史上的一个重要里程碑，提出的管理要素和原则为现代管理提供了基础和方向，开创了行政管理进而行政效率研究之先河。

马克斯·韦伯努力探索理想的组织安排以保证和提高技术效能，提出了官僚集权理论以及官僚体系的要素，如实行劳动分工、明确权力和责任、各种职位按等级组织起来、行政管理人员要严格遵守官阶职责等。他将权力分为三类：合理合法的权力、神圣不可侵犯的权力和"神授"的权力，认为第一种权力才是官僚集权组织的基础。他试图摆脱上述后两种类型的权力，即"传统"的和"神授"的领导和组织，建立一个合理合法的基础，为选择和进行各种活动作出有秩序的安排，使组织合理化，以新的组织形式来实现效率的提高。

（2）西方公共行政效率研究的变迁。西方对公共行政效率的研究，大体分为三个阶段。第一阶段是唯效率主义阶段。早在1887年，行政学的创始人威尔逊（W. Wilson）在其著名的《行政学之研究》中，就将提升政府行政效率作为行政学的根本任务。认为“行政学研究的目标在于理解：首先，政府能够适当地和成功地进行什么工作；其次，政府应当怎样才能以尽可能高的效率和在费用或能源方面用尽可能少的成本完成这些适当的工作。”[①] 自此（即公共行政学建立之初）直到20世纪40年代中期，以马克斯·韦伯的官僚体制理论和威尔逊、古德诺等人政治—行政二分法（即“政治是国家意志的表现，行政是国家意志的执行。”）为理论基础，行政效率一直被摆在突出地位，被视为是行政价值尺度中的头号公理。第二阶段是行政效率与效益地位转型时期。从“二战”后到70年代末，以新公共行政学和政策科学为理论基础，新公共行政学将社会公平注入传统的经济和效率目标，强调分权，“顾客至上”，认为新公共行政学试图以这样的方式来解决问题——行政管理并不是价值中立的，他们应该对好的管理与社会公平作出承诺，以此作为价值标准、奋斗目标和理论基础。第三阶段是行政效率与效益并重时期。从20世纪80年代至今，以新公共管理学为理论基础，政策科学和公共行政学相互融合，新公共管理的主要目标取向由重视过程和投入转向注重结果和产出，并特别注重“顾客”的反应。

（3）西方公共行政效率研究的发展趋势。第一，“公共性”凸显[②]。公共行政学将效率引入意味着其适用对象发生了转变，与公共行政学的研究对象即政府和公共部门产生了关联，具体说与公共目标、公共责任、公共环境和公共组织联系了起来。同时，效率在公共部门的地位以及体现方式也发生了变异，体现在三个方面：一是“效率至上”的地位发生改变。政府追求的目标是效率与公平兼顾、经济效益与社会效益

① 转引自高培勇主编，张康之等编著：《公共行政学》，经济科学出版社2002年版，第303页。

② 周志忍：《行政效率研究的三个发展趋势》，载于《中国行政管理》2000年第1期。

兼得等多重目标，目标的多样性以及非营利性使得在企业管理中位居首位的“效率”退居“二线”。二是公共部门效率的体现方式呈现多样化。公共部门追求目标多元化，每一个目标都得讲究效率，也就有多种体现方式。三是效率的影响因素和改进方式发生了改变。公共部门效率的影响因素会多于私营部门，约束条件也更加复杂，因此提高效率的难度会增加很多。

第二，效率逐渐被质量所取代。“效率”被涂上“公共性色彩”而退居“二线”后，公共部门对“顾客满意”和服务质量的追求被提到了首要地位。在公共部门的绩效测量中，有关质量的示标也增加了很多，它与经济示标和效率示标一起成为绩效示标的重要组成部分。各种“质量运动”也此起彼伏，如“公民宪章”运动、“竞争求质量”运动、“政府再造”运动，等等，位居管理目标多年的霸主——“效率”已逐渐被“质量”所取代。

从以上研究可以看出，西方国家对政府效率日渐重视，将效率视为绩效的重要构成要素，绩效才是衡量政府质量的真正综合示标，即“3E”（经济、效率和效果）示标。效率研究为后来绩效研究奠定了重要基础。

第三节 研究思路和研究方法

一、研究思路

本书试图以研究市场经济条件下我国城市政府的基本职能及转型期城市政府职能的转变为出发点，以城市政府的行政成本（包括直接成本和间接成本）和行政绩效研究为重点，在此基础上构架出衡量政府行政效率的指标体系，最终提出提高政府效率的途径。具体思路如图 1 – 1 所示。

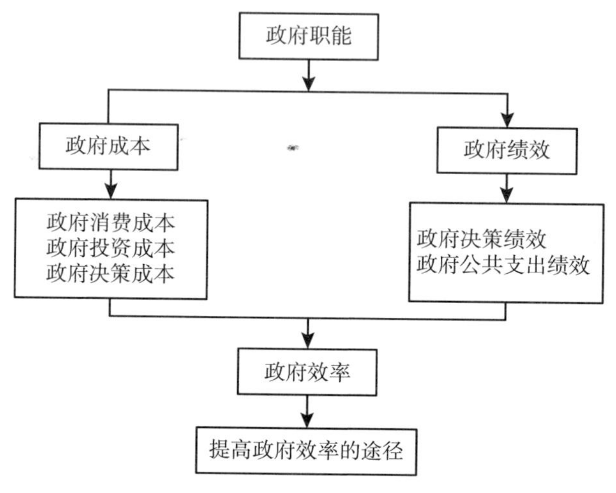

图 1 – 1　本书技术路线

首先，本书对城市政府成本、政府绩效以及政府效率进行定性分析，对政府发生的直接成本以及可能引发的间接成本分别进行测度。其次，选择合适指标对城市政府产出进行测度，分清政府有效产出和无效产出，只有政府有效产出才能计入政府绩效的考核范畴。再次，运用统计学方法对城市政府成本、政府绩效各分指标值进行合成，得出城市政府成本指数和绩效指数，并用二者之商来度量城市政府效率指数。最后，从理论上构架出一套较完善的衡量城市政府成本、政府绩效及政府效率的指标体系，为我国探索降低城市政府成本、提高城市政府绩效和效率提供必要的理论基础和实践参考。

二、研究方法

根据本书的研究思路，主要采用了以下研究方法：

（1）规范分析法。运用公共部门经济学、财政学、管理学、西方经济学和政府经济学的相关理论，界定了城市政府成本、政府绩效和政府效率等研究对象的范畴，从内涵、性质、种类、指标等方面进行了阐释，最终归纳出测度各研究对象的指标体系。

（2）定性分析和定量分析相结合方法。在定性分析的基础上，根据各研究对象的性质以及财政学、灾害统计学、环境经济学、政府经济学、计量经济学和管理学的相关理论，分别选择合适的指标、以相关统计资料为依据进行测度，再利用合适的统计方法对各指标值进行合成，得出各研究对象的相应指数。

（3）理论和实践相结合方法。在对政府成本和政府绩效、政府效率的度量指标进行理论探讨的基础上，还利用统计数据对我国政府的消费成本进行了实证分析。对我国部分省份和城市的政府绩效评估实践进行了实证分析。最终结合我国的“新常态”国情，探讨了降低政府成本和提高政府绩效的途径。

（4）比较分析法。对公共财政学派和公共选择学派关于政府规模扩张的解释、对国内外不同国家和地区的政府绩效评估实践分别进行了比较分析，最终提出了提高我国政府绩效和政府效率的途径。

第四节 研究结构与理论创新

一、研究结构

全书共分七章。

第一章是导论。主要介绍了本书的研究背景、研究意义、研究思路、研究方法、研究结构以及主要创新点，对国内外关于政府成本、绩效和效率的研究状况进行了梳理和概述。

第二章从界定政府职能入手，对我国政府以及城市政府的一般职能以及转型期职能的转变进行了探讨，为后文探讨城市政府行为做了铺垫。

第三章和第四章是关于城市政府成本的研究。第三章较详细分析了城市政府成本的内涵及度量方法。首先，对政府成本的概念进行了界定，按照不同的分类标准对城市政府成本进行了分类。其次，根据计量便利的需要，选择其中一种分类对政府各分成本指标进行了科学、客观的度量。最后，利用合适的统计方法对各分成本指标进行合成，得出城市政府成本指数。第四章从公共财政学派和公共选择学派两个视角分别分析了政府成本通常呈扩张性趋势的原因，并对我国城市政府成本扩张的原因进行了探讨。

第五章和第六章是关于城市政府绩效的研究。第五章主要对开展政府绩效评估的背景、内涵以及国内外实践进行了概述。第六章对城市政府绩效评估的指标体系进行了设计，在对政府各分绩效指标进行测度的基础上，选择合适的合成方法测算出城市政府绩效指数。

第七章主要探讨城市政府效率指数的测算及提高途径，相当于是全文的归宿。城市政府绩效指数是在城市政府成本指数和城市政府绩效指数的基础上得出的，提高城市政府效率也是从降低城市政府成本和提高城市政府绩效等两个方面来进行考虑。

二、可能的主要创新点

第一，对政府成本的分类提出新见解。前人在研究政府成本时，都是按政府成本的性质进行分类。本书又增加了两种分类法：一是按政府成本的构成进行分类，分为政府人工成本、采购成本和决策成本。二是以政府自身“受益与否”进行分类，将政府成本分为政府消费成本、投资成本和决策成本。

第二，丰富了政府决策成本的相关理论。根据政府决策可能对社会、经济带来的影响，将决策的社会成本分为灾害损失性社会成本、生态环境性社会成本和寻租性社会成本。

第三，对政府机会成本与政府成本的关系提出新见解。机会成本本身是属于“收益”范畴，它是指经济主体在选择某种行为时所放弃的另一种行为带来的最大收益。研究政府机会成本的主要意义是便于政府在决策时进行参考。若政府决策的收益大于相应的机会成本，决策就是合理的；否则决策就存在失误，此时机会成本与政府决策实际带来的收益之差才应计入政府成本。即决策正确时的收益就全部计入收益，决策失误后的收益就通过与机会成本比较后才计入成本（即“倒扣分”）。另外，还根据西方经济学的相关理论对政府机会成本进行了测度，并据此计算出政府潜在收益指数，它是指政府在最优决策时可能带来的收益。

第四，比较分析了政府绩效和政府效率的联系与区别，丰富了政府绩效理论。本书认为政府绩效（performance）指的是政府行政的“有效产出”；政府效率（efficiency）指的是政府行政的“质量”，它由政府成本和政府绩效共同决定。如此界定政府效率也符合效率的最根本含义——工程学中关于效率的解释。机械效率就是指在做功过程中的有用功与总功之比，因为所做的功中有一部分是无用功。效率越高，说明在此做功过程中的有用功越多。因此，在研究政府绩效时，也不能以政府的全部“产出”来作为衡量标准，只有政府的有效“产出”才列入政府绩效范畴。

第五，定量分析了城市政府成本、绩效和效率，并建立了相应的理论计量模型。在对城市政府成本、绩效和效率进行定性分析的基础上，选择合适的指标进行测度，分别计算出城市政府成本指数、绩效指数以及由两者共同决定的城市政府效率指数。本书力求选择具有代表性且能够统计或计算出来的指标进行测度，以保证计量结果的准确性、客观性和可操作性。

第二章

城市政府职能的界定

综观世界经济发展史，任何国家都离不开政府，政府职能也会因国家所处阶段的不同而有所差异。在不同时期，总有一种占主流地位的经济理论在指导着经济的运行。从西方主流经济理论的发展脉络就可以大致看出政府与经济发展的关系。200 多年前，经济学的开山鼻祖亚当·斯密（Adam Smith）在代表作《国民财富的性质和原因的研究》（简称《国富论》）中就充分肯定了政府对经济发展的重要作用，尽管他积极倡导经济自由主义。自 19 世纪上半叶开始，历史学派的先驱、德国著名经济学家弗里德里希·李斯特（Friedrich List）冲破藩篱，与流行于欧洲大陆的斯密“自由之歌”唱起了反调，大胆打出了政府干预的大旗。从 20 世纪 30 年代开始，以政府干预经济为核心的凯恩斯主义持续走红西方世界近 40 年，政府的作用被发挥到极致。

城市政府是一个国家政治体制的重要组成部分。中外不同国家因政体不同，城市政府体制有很大差异。同一国家在不同的发展阶段，城市政府的职能边界、内容和实现方式也在发生变化。对我国来讲，城市更是经济社会发展的最主要载体，城市政府在推进城市化进程和现代城市管理中的作用举足轻重。对于真正走上经济发展健康轨道只有近 40 年、市场经济体制目标建设只有20多年的中国来说，各种制度仍不完善，渐进式改革任重道远，科学界定新常态下我国城市政府的职能，是保障和提高政府行政质量的重要前提。

第一节　政府干预经济理论的发展演变

从重商主义开始，关于政府是否应当干预经济的争议就一直没有停止。学术界在讨论经济发展理论的时候，多以斯密的《国富论》为起点，在此之前的重商主义和重农主义很少被列入讨论范围。其实关于政府职能的问题，重商主义和重农主义也都有比较明确的观点，且比其还早的柏拉图政府极权主义也是政府干预的一种极端形式。因此，本书的分析拟从此开始，以各阶段有显著影响的政府干预理论为标志，沿历史脉络分别阐述。大致可分为四个阶段：原始的全面干预主义阶段、“守夜人”政府的放任自由主义阶段、强力干预主义阶段和相机干预主义阶段。

一、全面干预主义阶段

（一）政府极权主义

政府对经济的干预可以追溯到古希腊的柏拉图。他在《理想国》中，从社会分工的角度论述了国家的起源，将人类社会分为统治阶级和被统治阶级，各阶级划分明确且地位稳固，充分肯定国家管理的必要性。他的理想国是一个静态的城市国家，人口、财富、阶级地位都恒定不变，“一切经济和非经济活动都有严格规定——战士、农民、工匠等等都组织在永恒的社会等级之内……政府即依托于其中一个等级，也就是监护人或统治者这一等级。”① 此外，他在《法律篇》中也肯定了领导阶级的必要性，其“宪法”也“对个人生活实行严格管制，包括限制个人财富和严格限制言论自由。”② 这种思想后来在莫尔的“乌托邦”理想社会中又得以发展，他认为特权阶级应统治国家，按需分配，取消流通领域和货币。这种政府极权主义思想应该说是政府干预主义的一种极端。

（二）“奖出限入”的政府干预主义

从 15 世纪到 17 世纪中叶，重商主义曾流行西方 200 多年。它产生于封建社会晚期，也是自由竞争资本主义的前期。一般以 16 世纪下半叶为界，将重商主义分为两个阶段：早期和晚期重商主义。该学派认为货币是社会财富的唯一代表，主张国家必须实行保护政策，扶植本国幼稚产业，抵抗外国竞争。该学派代表人物托马斯·孟认为，“对外贸易是国家致富的唯一手段”，③ 这需要依靠封建民族国家的政权制定和执行有关政策和法令，实行贸易壁垒，“奖出限入”，以实现贸易顺差。

二、“守夜人”阶段

（一）经济自由主义的起源——重农学派

重农学派于 18 世纪中叶诞生于攻击重商主义的浓烈硝烟之中，学术界通常把它看作是经济自由主义的源头。它认为财富不是由金银而是

① ［美］约瑟夫·熊彼特：《经济分析史》，商务印书馆 2001 年版，第 94 页。
② 同上，第 94 页。
③ 蒋青：《世界一流经济学名著》，新疆人民出版社 2000 年版，第 1 页。

由人们消费的物质产品所构成。一国财富的增加不在于促进贸易而在于繁殖货物，途径就是发展生产，并认为只有农业才能创造物质财富。它强调“自然秩序”的作用，倡导自由经营和自由贸易，认为一切垄断、限制和政府干预措施都违背了“自然秩序”。政府必须取消关税保护，维护私有制，保护神圣的私有财产不可侵犯，而不必干预经济活动。

（二）“看不见的手”理论

1776 年，被誉为古典经济学开山之作的《国富论》问世，轴心也是经济自由主义。亚当·斯密从利己主义人性论出发，引出了“看不见的手”概念。“……确实，他通常既不打算促进公共利益，也不知道自己在什么程度上促进那种利益。……他只是盘算他自己的安全；……他所盘算的也只是他自己的利益。在这场合，像在其他许多场合一样，他受着一只‘看不见的手’的指导，去尽力达到一个并非他本意想要达到的目的。”[①] 由此，斯密认为，要实现国民经济尽可能高速而均衡的增长，唯一出路就是取消政府干预，实行自由放任，建立自由企业，在国内实行自由经营和自由竞争，在国际间实行以“绝对成本论”为基础的自由贸易。斯密明确规定君主（国家）的三项义务：首先是保护本国安全，不受他国侵略；其次是保护人民，不使任何人受其他人的欺负或压迫，换言之，就是要设立一个严正的司法机构；最后就是建立并维持一些公共机关和公共工程。由此可见，斯密的核心思想就是政府只需充当一个“守夜人”，整个国家经济将在“看不见的手”的作用下，经由每个人追求私利的努力而实现富国裕民的目标。

---

① 亚当·斯密：《国民财富的性质和原因的研究》（下卷），商务印书馆 1974 年版，第 284 页。

《国富论》问世27年后即1803年，供给学派的代表J·B·萨伊出版了《政治经济学概论》，他对政府职能的分析与斯密如出一辙。著名的萨伊定律认为，供给能自动创造自己的需求。市场经济本身是一个顺畅周流的过程，能自动维持社会总需求和总供给的平衡，政府旨在维持总供求的干预也是多余的。萨伊认为政府的责任就在于为经济发展创造一个安定、安全、公平和有利的环境，主要应集中在：保护财产所有权不受侵犯和社会安宁；建设和维修公共工程；创办各类学校、图书馆、博物馆等；保护消费者的利益和国家的商誉，禁止厂商滥登名不符实的广告。萨伊以通俗的方法解释了斯密学说以及一些深奥复杂的经济问题，因此也有人称他为通俗经济大师、斯密学说在欧洲大陆的继承者和普及者。

约翰·斯图亚特·穆勒的经济理论是斯密、萨伊等人的综合。他于1848年出版了代表作《政治经济学原理及其在社会哲学上的若干应用》，强烈批判赋予政府过多的职能。他认为政府职能主要有：保护公民的人身和财产安全；制定规则，包括交易规则、契约规则、公共资源的使用规则等；铸造货币和规定标准度量单位；建设公共设施；主办初等教育和保护儿童、青年和没有劳动能力的人。

以上三位经济学家对政府职能的看法基本上代表了当时自由竞争资本主义时期的主流。从某种意义上说，现代市场经济国家的政府职能也或多或少地都打着他们的烙印。

三、强力干预主义阶段

（一）“保护落后”的政府干预主义

在世界高唱“经济自由主义之歌”时，历史学派的先驱、德国著名经济学家弗里德里希·李斯特（Friedrich List，1789～1846）唱起了反调。他认为一国的经济发展程度取决于它拥有多少生产力，而工业是推动生产力发展的最有力杠杆。在“敌强我弱”的情况下，关税制度是保护本国幼稚工业成长的重要手段。故之，政府干预必不可少。李斯特把经济学分为“私人经济学”和“社会经济学”，又把后者分为“世界主义经济学”（或“万民经济学”）和“国家经济学”（或“政治经济学”）。他认为斯密的学说属于“世界主义经济学”，这种经济学假定“世界上一切国家所组成的只是一个社会，而且是生存在持久和平局势之下的”，研究“全人类如何才能幸福”，缺点是“不承认国家原则，不考虑满足国家利益”，“没有考虑到精神和政治利益，眼前和长远的利益以及国家的生产力”。① 而国家经济学则研究“某一个国家，在目前的世界形势以及它自己特有的国际关系下，怎样来维持并改进它的经济状况。”② 他认为，各个国家由于特有的语言文字、风俗习惯、法律制度及其他条件，国情会有很大不同，因而一个国家只能依靠自己的力量和资源去求得生存和发展，而不必去崇尚自由贸易，否则只能使发达国家谋利、落后国家受损，贫富差距会更加悬殊。他从当时德国的实际情况出发，认为德国政府必须实行保护政策，抵抗先进国家如英国的竞争，但在国内应建立统一的市场，实行自由贸易，以迅速发展本国的资本主义经济。

李斯特主张国家干预经济，但并不排斥竞争。他提倡的保护制度并不是对所有部门在任何时候都实行保护，而是有分别、有步骤地进行，不同部门在不同的发展时期，实行保护的程度也应该不一样。李斯特的国家干预理论为正待发展民族经济、赶超先进的落后国家提供了参考，

① 李斯特：《政治经济学的国民体系》，商务印书馆 1961 年版，第 152 页。

② 同上，第 109 页。

法、美等国竞相仿效。美国著名经济学家凯里以前赞成斯密的自由贸易，后来又受李斯特的影响，提出了保护主义思想，对美国当时的经济发展起到了重要推动作用。

在李斯特和凯里之后，自由贸易之旗仍然飘扬，但保护主义口号亦日益嘹亮，各国政府都加强了对经济发展的干预。德国俾斯麦政府首先实行政府干预主义，法国于 1881 年、美国于 1890 年先后设立了关税法，随后，意大利、奥地利、瑞士等国也相继实行保护主义。①

（二）“调控需求不足”的政府干预主义

1929～1933 年的世界经济大危机使斯密的经济自由主义遭到了致命挑战。1936 年，凯恩斯（John Maynard Keynes）出版了著名代表作《就业、利息与货币通论》。该书以当时的世界经济大危机为背景，系统阐述了政府干预经济的理论，断言当时世界性大量失业皆是因为“有效需求”不足，倡导以财政政策为主的需求管理方案，以实现“充分”就业。凯恩斯的观点一经问世，立即成了西方资本主义世界的“救命稻草”。各国纷纷采纳，美国是典型的“凯恩斯观念的实验场所”，“拥护他的人也好，批评他的人也好，都在大胆使用凯恩斯的词汇和分析。”②凯恩斯的政府干预理论正好适应了当时国家垄断资本主义的形成和发展，为缓解经济危机及第二次世界大战后资本主义经济发展做出了重大贡献。其理论在第二次世界大战结束后还兴盛一时，长期占据着西方经济学的统治地位。

新、旧制度学派与凯恩斯主义的政策主张也如出一辙。早在 19 世纪 20 年代，以凡勃伦、康芒斯、米切尔为代表的旧制度学派就已

① 王红玲：《当代西方政府经济理论的演变与借鉴》，中央编译出版社 2003 年版，第 27 页。

② 哈里斯：《新经济学——凯恩斯在经济理论和国家政策上的影响》，纽约，1947 年，第 16 页。

将“国家干预”作为中心思想，主张国家应当干预经济，应调节和仲裁劳资矛盾，反对自由放任。后来以加尔布雷斯为代表的新制度学派也积极主张政府对经济的干预。加氏认为美国的经济由“计划系统”和“市场系统”组成，两者之间存在着尖锐矛盾，国家必须进行协调。瑞典学派的先驱威克塞尔（J. G. K. Wicksell）也早在20世纪初就指出社会供应可能超过社会需求、投资总额可能与储蓄总额不相等，如果不加救治，缺口就不可能消除，甚至会尖锐起来。因此，他也极力主张国家必须调节和干预经济。以萨缪尔森、托宾为代表的、曾风靡一时的新古典综合派（又称后凯恩斯主义学派）也极力主张政府干预经济，并对凯恩斯的政策主张进行了扩展，建议政府通过财政和货币政策、收入政策和人力政策等手段对经济进行干预。与新古典综合派相对的新剑桥学派虽然与前者有所差异，主张通过财政和货币政策来改革收入分配制度、通过对投资实行管制以实现经济增长，但对政府应干预经济这一观点却没有任何异议，只是干预方式存在差别。

四、相机干预主义阶段

（一）“自由放任”的复兴

自20世纪70年代开始，西方国家陷入了经济停滞与通货膨胀并存的“滞胀”泥潭，使得凯恩斯主义的宏观需求管理方案失去疗效。以货币主义、理性预期主义和供给学派为代表的、反对政府干预的“官方经济学”走上了历史舞台。货币学派的代表弗里德曼（Milton Friedman）认为，资本主义商品经济最适宜于自我调节，货币总额是货币政策当时可供利用的、最好的指南或标准，主张以货币增长率作为货币政策的主要指标，并且为了取得公众的理解和支持，货币增长率必须保持稳定。卢卡斯等人认为，经济活动的当事人是理性的，能够通过各种渠道来形成符合未来实际变动的预期，并对未来的变动作出明智的反应。因此，政府干预经济的措施都是徒劳无益的。要使经济保持稳定，只有听其自然，“无为而治”。拉弗（Laffer）则认为供给可创造自己的需求。政府投资挤占了私人投资，是浪费；福利支出会奖懒罚勤；管理经济会抑制经济人的积极性。他极力主张政府减税，赋予经济主体最大的经济自由度，以刺激生产积极性。

（二）“政府干预”的重起

20 世纪 80 年代末和 90 年代初的世界经济衰退使凯恩斯主义再次登场，以萨缪尔森、阿克洛夫为代表的新凯恩斯主义学派卷土重来。他们否认了理性预期学派的市场出清假说，提出了工资和价格存在刚性，不能随供求失衡而迅速调整，因此政府总是有必要刺激需求。美国著名经济学家斯蒂格利兹（Stigliz）认为，市场失灵是经济中的常态，它从竞争的缺点、公共品、外部性、不完全市场、信息不充分、失业、通货膨胀及失衡、再分配和优效品等八个方面论述了政府干预经济的必要性。他认为经济学家之间的分歧不是政府是否应该干预经济的问题，而是应干预到何种程度以及如何最好发挥作用的问题。

（三）“大政府”与“小政府”之争

自新古典综合派重新登场以后，大家不再讨论政府是否该干预经济，而是讨论应该如何干预、干预到何种程度的问题，代表性事件是萨缪尔森、斯蒂格利兹的“大政府”和卢卡斯、诺思的“小政府”之争。萨缪尔森认为，政府在现代混合经济中的主要经济职能应该是为市场经济确立法律框架、影响资源配置以提高效率、改善收入分配和制定宏观政策以稳定经济等四个方面。斯蒂格利兹认为，政府职能的内容主要是促进教育、促进技术改善、支持金融部门、投资基础设施建设、防止环境恶化和建立和维护社会保障秩序等六个方面。而新古典学派的卢卡斯认为，政府唯一的职能是确定最理想的一般物价水平，同时解决通货膨胀和失业问题。新制度学派的代表诺思（Doglars North）则认为，政府只需在两个方面努力：一是制定合理的产权制度，保证公平竞争和市场规则实施；二是政府部门必须把自己的行为纳入制度化轨道，把自己的报酬建立在经济组织和社会成员报酬递增的前提下。

（四）政府规制理论崛起

随着政府干预主张的卷土重来，政府规制理论也日渐崛起。规制是市场经济的产物，前提条件是市场失灵。《新帕尔格雷夫经济学大辞典》把“规制”解释为：通过一些反周期的预算或货币干预手段对宏观经济活动进行调节。规制理论的代表性论著有卡恩（Kahn）的《规制经济学——原理与制度》（1970）、施蒂格勒（Stigler）的《经济管制论》（1971）、佩尔兹曼（Peltzman）的《走向更一般的管制理论》（1976）等，在1982年诺贝尔经济学奖授予施蒂格勒之后，这一新分支得以兴盛起来。

综上，理论界关于政府与市场关系的讨论是随着经济社会的发展而不断变化的，大体上可分为两大阵营——“政府干预”论和“自由经营”论。政府干预论者主张把国家干预和调节放在首位，反对听任市场自由放任的主张和政策；而自由经营论者充分信任市场，主张让市场机制自由发挥作用，政府只需充当“守夜人”。两者争论的焦点就是政府是否应当干预经济。实际上，没有完全的市场，也没有万能的政府；没有单一的政府干预，也没有纯粹的自由经营。关于政府干预与自由经营之争都是随着历史条件和经济周期的变化而变化的。在经济发展的不同阶段，政府和市场对促进或恢复经济发展所发挥的力量不同，总有一方会占主导地位，有时这种“主导”被解释成了“绝对”，因而便有了阵营之争。事实上它们都是时代的产物，只存在孰重孰轻的问题，而不是孰有孰无的问题。

第二节　政府职能的界定

一、国家与政府的关系

国家最初是政治学的研究对象。到19世纪末20世纪初，行为主义方法“侵入”政治学。此时，资本主义制度已经确立，国家已经稳固，有关国家的政体问题已经解决，政治学的研究重点转向探讨国家的内部构成和运行规律。“国家”被当作一种抽象的实体，被拒斥在政治学的研究范围之外；而作为国家内在构成部分的“政府”则被纳入政治学家的视野。

（一）国家本质与国家职能

1. 国家本质

关于国家本质，存在两种不同的观点。一种观点认为，国家在本质上是社会公共利益的代表，是一种中性的社会设施，国家的职能就是为社会公众履行职责。多数西方学者都赞成这一观点。另一种观点认为，国家在本质上只是阶级专政的工具，是统治阶级镇压被统治阶级的机关，国家只有一种属性，就是阶级性，根本不存在社会公共职能。国家只有两种基本职能——内部职能和外部职能：内部职能就是镇压被统治阶级，外部职能就是防御外来侵略或者对外侵略。该观点甚至认为社会主义国家归根到底也是一个阶级对另一个阶级实行专政的工具，因而主张要不断强化社会主义国家的政治职能。[①]

上述两种观点都有失偏颇，前者强调了国家的公共性而忽略了阶级性，后者强调国家的阶级性而忽略了公共性，而实际上国家是这两者的统一体。国家作为阶级矛盾不可调和的产物，是阶级社会特有的现象，它必然会代表统治阶级的利益。而要实现统治阶级的利益，就必须介入社会公共事务管理。而且统治阶级的利益必然会受到被统治阶级或者说社会公共利益的制约，为缓和阶级矛盾，统治阶级不得不考虑社会公共利益的需要。

诺思将国家的起源归结为两种说法：契约论和掠夺论（或剥削论）。[②] 契约论认为国家的作用是建立契约制度和确保契约实施。比如如果国家保护的是有效率的产权，就是有利于经济增长。掠夺论认为国家是某个阶级或集团的代表，代表这个阶级或集团向其他阶级或集团诈取收入。应该说，诺思的观点是全面把握了政府的本质。

综上可知，国家的本质是阶级性和公共性的有机统一，是经济上占统治地位的阶级进行阶级统治和社会公共管理的工具。[③]

2. 国家职能

政治理论界一般从两个方面讨论国家基本职能[④]，即对内职能和对

---

① 郭小聪：《政府经济学》，中国人民大学出版社 2003 年版，第 34 页。

② ［美］道格拉斯·C. 诺斯：《经济史中的结构与变迁》，上海三联书店，上海人民出版社 1999 年版，第 21 页。

③ 郭小聪：《政府经济学》，中国人民大学出版社 2003 年版，第 36 页。

④ 政治学将国家职能分为国家基本职能和专业职能。前者主要指国家活动的基本方向和最重要方面。后者指国家各个机关活动的内容，即政治、军事、经济、外交、立法、司法、税收、文化、教育等部门的专业性活动。——参见朱光磊编著：《政治学概要》，天津教育出版社 1992 年版，第 66 页。

外职能。对内职能主要包括阶级职能（又称政治职能，即镇压敌对阶级的反抗，实行阶级专政）和公共管理职能（又称社会职能，即履行社会公共事务）。这就是通常所说的国家职能二重性。对外职能就是保卫国家安全，防御外来侵略。这两种职能密切联系，相辅相成。社会主义国家和资本主义国家尽管在国体、政体以及意识形态上迥然不同，但职能内容都未超出上述范围。也有学者将国家职能分为政治职能、经济职能和公共管理职能三方面，这也未超出上述国家职能二重性范畴。经济学家在讨论国家职能时，一般都是抽象掉国家的阶级本质，主要探讨社会职能，即经济职能和公共管理职能。

（二）政府职能与国家职能的关系

1. 政府与国家的关系

政府和国家机关是同一性质的概念。国家机关是实施国家职能的物质载体，是国家内容和国家形式的具体化，属于“国家形式”的范畴。政府有广义和狭义之分。前者指所有的国家机关，后者专指国家行政机关。近代以来，一般是从狭义上来理解政府的概念。但不管是广义还是狭义，从本质上讲，政府和国家机关是同一的。国家机关是一切政府机构的总和，一般由立法机关、司法机关、行政机关、检察机关、治安机关、军队等组成。而每一个机关又包含有相应的政府机构。由此可见，政府是国家履行职能时的一种组织形式，政府履行职能也是为国家实施职能服务的。这也是对既然有了国家为何还需要政府的最充分解释。古德诺也认为，“为了使国家意志得到表达和执行，必须建立、维持并发展一定的国家机关才能得以实施。”①

① 古德诺：《政治与行政》，华夏出版社 1987 年版，第 43 页。

2. 政府职能与国家职能

政府职能就是指政府依据宪法和法律规定，在维护国家安全和社会稳定、促进经济社会发展、管理社会公共事务等方面的职责和功能，一般包括政治统治、经济管理、社会事务和公共服务四个方面。① 政府职能与国家职能的关系从上述政府和国家的关系讨论中也可见一斑。概括说，政府职能从属于国家职能，但两者职责相同而侧重点和功能不同。主要体现在三点：第一，范围不同。政府职能的范围相对于国家职能还是要窄一些。第二，侧重点不同。政府作为国家机关的一个组成部分，通常和其他国家机关一起承担着共同的职责。而国家机关通常从总体上来把握国家职能的实施。第三，权责不同。政府作为国家行政机关只是执行统治阶级或者说国家的意志，而表达意志的却是国家权力机关。国家权力机关集中着国家的最高权力，代表着国家的整体职能。它拥有把国家职能分解给不同国家机关来执行的权力。

二、西方国家关于政府职能的界定

西方经济学家从不同角度对政府职能都有着比较精确的描述，其中最具代表性的应是亚当·斯密、布坎南和约瑟夫·斯蒂格利兹。斯密在《国富论》中将政府职能分为三个方面：国防、社会治安和公共工程；布坎南以法律制度为核心，也提出了国家职能的三大内容：保障执行法律、自身履行法律、修改法律及其规定的那些活动；斯蒂格利兹从生产和消费两个角度来分析政府职能，即如何生产、生产什么、为谁生产。他认为，政府承担着六种职能：立法者、调节者、生产者、消费者、保

① 王红玲：《当代西方政府经济理论的演变与借鉴》，中央编译出版社 2003 年版，第 284 页。

险者和收入再分配者。三位经济学家因所处时代不同、分析视角不同，对政府职能也有着不同的见解，但本质上都显示出共同性，显露了政府的“公共性”及协调者色彩。

世界银行在《1997 年世界发展报告——变革世界中的政府》中指出，总结几个世纪以来的经验教训，政府可以用多种方式来改善发展成果：一是提供一种宏观和微观经济环境，为有效的经济活动设定正确的刺激机制；二是提供能促进长期投资的机构性基础设施——财产权、和平、法律与秩序以及规律；三是确保提供基础设施、医疗保健以及经济活动所必需的物质基础设施，并保护自然环境。它将政府职能分为两大类：一是解决市场失灵，二是促进社会公平。而不同国家在不同发展阶段，政府能力及其对经济的干预程度也是不一样的。据此，它又将政府职能分为小型职能、中型职能和积极职能三种。具体如表 1 -1 所示。

小型职能是指政府能力低的国家提供的一些基本职能，包括为解决市场失灵提供的一些纯粹公共物品和为促进社会公平而采取的一些基本措施。前者有国防、法律和秩序、财产所有权、宏观经济管理和公共医疗卫生等；后者有反贫穷计划、消除疾病等。中型职能比小型职能要多，除完成小型职能外，还必须提供一些中介职能，如解决外部效应（提供基础教育和环境保护）、制定垄断行业法规以及提供养老金、失业救济金等社会保险、制定有关金融法规等。积极职能又比中型职能要多，指有较强能力的政府所发挥更积极的功能，如通过帮助协调来解决绕过市场的问题，实行积极的产业和金融政策等。①

① 世界银行：《变革世界中的政府——1997 年世界发展报告》，中国财政经济出版社 1997 年版，第 27 页。

表1－1　　　　政府职能的分类

<table>
<tr><th>政府的职能</th><th colspan="3">解决市场失灵</th><th>促进社会公平</th></tr>
<tr><td>小型职能</td><td colspan="3">提供纯粹的公共物品：
国防
法律与秩序
财产所有权
宏观经济管理
公共医疗卫生</td><td>保护穷人
反贫穷计划
消除疾病</td></tr>
<tr><td>中型职能</td><td>解决外部效应
基础教育
环境保护</td><td>规范垄断企业
公用事业法规
反垄断政策</td><td>克服信息
不完整问题
保险（医疗卫生、寿命、养老金）、
金融法规
消费者保护</td><td>提供社会保险
再分配养老保险
家庭津贴、失业保险</td></tr>
<tr><td>积极职能</td><td colspan="3">协调私人活动
促进市场发展
集中各种举措</td><td>再分配
资产再分配</td></tr>
</table>

资料来源：《变革世界中的政府——1997年世界发展报告》，中国财政经济出版社，1997年版，第27页。

三、我国城市政府的职能范畴

我国的政府体系包含中央、省、市、县、乡（镇）共五级组织，其中市、县以及直辖市政府都属于城市政府范畴[①]。城市政府职能就是指城市政府在城市公共事务管理过程中依法履行的各项职责和功能的总称，是城市政府管理活动的基本方向。[②] 主要体现在政治职能、经济职能和社会职能三个方面。

① 虽然乡（镇）在理论上也属于城市范畴，但考虑到实际差异太大，兹不列入研究对象之列。

② 马彦琳等主编：《现代城市管理学》，科学出版社2003年版，第76页。

（一）政治职能

我国城市的政治类型有直辖市、地级市、副省级市/计划单列市、县和县级市。不同类型的城市有着不同的行政级别，这意味着也具有不同的职权范围。但都有一个共同特点，就是都位于我国行政管理体系的中观层次，最上有中央政府，上有省、市级政府，下有乡、镇（街道）政府和村民委员会（虽然村民委员会在我国行政体系中不属于一级政府，但它也在履行着政府的职能）。一方面对上要贯彻落实上级政府的路线、方针和政策，遵守国家宪法和法律法规，加强民主法制建设，结合本市实际制定地方性法规和政府规章，做到依法行政、依法治市，另一方面对下要处理和协调与下级政府的各种关系。

（二）经济职能

1. 内涵

政府经济职能包括四个方面：配置职能、分配职能、调节职能和稳定职能。配置职能主要体现在公共物品、自然垄断、信息不对称、外部性等市场失灵领域。配置职能主要通过财政手段如公共支出（直接提供公共产品、财政补贴、政府购买）和政府税收等方式来实施。分配职能主要通过转移支付、累进所得税、对奢侈品征税等手段来实施。调节职能主要是通过设计管理和限制、价格和收入政策等手段来保护消费者和生产者的利益不受侵害。稳定职能主要指政府通过“逆经济风向行事”的宏观政策和财政政策来保障经济的稳定发展。

2. 实现方式

政府在履行经济职能时，概括起来可归结为两大方式来具体实施：一是资源供给，二是制度供给。

（1）资源供给。又称为资源配置，主要有两种方式：

第一，公共支出。这是政府最主要的调节手段，通常表现为两种方式：一是政府直接提供市场供给不足的产品，如公共物品、准公共物品、私人经营容易产生垄断的产品、市场不完全的产品等。公共物品的提供不一定直接由政府生产。诸如国防这类典型的公共物品应由政府提供，但对于有些具体的国防产品可由私人企业生产，再由政府购买并提供给公众。二是进行财政补贴。对于市场供给不足的产品，可通过财政补贴激励私人企业生产，达到与政府直接提供同样的目的。

第二，转移支付。市场经济的按效率分配必然会造成收入和财富分配不平等。政府可通过征税把财富从高收入人群中收集起来，再通过补助金或救济金形式转移给低收入人群，实现效率与公平兼顾。

（2）制度供给。主要有三种形式：

第一，分配制度的供给。这是政府为缩小收入分配差距而采取的一种手段。严格说来，“资源供给”中的转移支付也属于政府制度供给的范畴，它是通过较规范的转移支付制度来实现的。与之相对应的是所得税制度，它通过对过高收入的公民征收个人所得税以形成政府“资源供给”的部分来源。除此之外，政府还通过奢侈品高税率制度、日用品补贴制度等来减少贫富悬殊，西方大部分国家还实行遗产税和赠予税制度以对非劳动所得进行调节。

第二，调节制度的供给。市场自身的缺陷易导致社会经济运行出现结构性失衡，需要政府充当裁判员制定相应的规则并进行判别和协调，以维持市场公平。主要通过两种方式：一是设计规则，保护潜在受损群体的利益，如通过立法制定行业标准来反对垄断、保护消费者和劳动者权益等。二是直接进行价格调节，避免不正当竞争造成的消费者利益损失，如对公用事业产品直接进行价格指导。

第三，稳定制度的供给。国际公认的宏观调控四大目标是：充分就业、物价稳定、经济增长和国际收支平衡，而市场机制本身无法自动保证这些目标的实现，需要政府制定相应的宏观经济政策进行调节。主要包含三个方面：一是“相机抉择”的财政政策，即针对不断变化的经济形势而灵活地变动支出和税收，以消除经济过热或萧条。具体就是当经济萧条时，实行放松的财政政策，增加支出或减少税收或两者并举；反之亦然。二是财政的“自动稳定器”功能，即通过财政制度性安排实现经济的自动稳定，无须借助外力就直接产生调控效果，熨平经济波动。主要表现在税收（特别是公司所得税和个人所得税）和社会保障支出的自动稳定性两个方面。三是灵活的货币政策，指政府利用货币政策且通常还与财政政策搭配使用来实现稳定经济的目的——在促进经济增长的同时，还有效控制通货膨胀。

3. 社会职能

城市具有集聚性、非农业性、综合性、整体性和开放性等特点，要求城市政府须遵循城市发展规律，提供科学高效的管理和服务，为城市经济社会发展和人民生活创造良好的外部环境，这即是城市政府的社会职能。主要包含五个方面：一是公共安全，即维护城市治安、保护市民生命财产安全；二是公共工程和公用事业，如道路、交通、供排水、码头、水电气暖的供应等；三是公用设施，主要包括公共教育（如中小学教育、职业培训、成人教育等）、文化、娱乐，以及图书馆、科技馆、体育馆等文化体育设施的建造和维护，名胜古迹、历史文物的保护和管理等；四是卫生和环境保护，主要包括卫生保健、防病治病、环境治理、生态保护等。五是要维护社会公平。市场经济的按效率分配不能顾及到社会公平，会出现贫困、失业、老弱病残等，需要政府建立必要的社会保障机制进行扶持和救助。

第三节　“新常态”下我国城市政府的职能定位

我国曾经历了“高度集中的计划经济体制”（新中国成立后至 1978 年改革开放）、“计划经济为主、市场调节为辅”（1978 ~ 1984 年）、“有计划的商品经济体制”（1984 ~ 1992 年）和建立社会主义市场经济体制（1992 年至今）等几种经济体制，目前市场经济体制框架已基本建立。改革开放 30 多年来，我国经济经历了持续多年的快速发展，目前正面临着需要进行速度转换、结构调整和动能转换的“新常态”，对政府职能也提出了新的要求，突出表现在经济职能方面。

一、“新常态”下我国城市政府的职能范畴

党的十八届三中全会通过了《中共中央关于全面深化改革若干重大问题的决定》，明确提出“必须切实转变政府职能，深化行政体制改革，创新行政管理方式，增强政府公信力和执行力，建设法治政府和服务型政府。”① “政府要加强发展战略、规划、政策、标准等制定和实施，加强市场监管，加强各类公共服务提供。加强中央政府宏观调控职责和能力，加强地方政府公共服务、市场监管、社会管理、环境保护等职责。”② 这是新常态下我国城市政府履行职能的最高纲领，需要城市政府进一步推进职能转变。

---

① 《中共中央关于全面深化改革若干重大问题的决定》，人民出版社 2013 年版，第 16 页。

② 同上，第 18 页。

（一）我国城市政府职能的“新常态”背景

发展中国家和转型国家面临着市场和政府皆不完善的双重困境。我国的体制转型又有着特殊背景。第一，面临着转型与发展的双重任务。我国的市场经济体制历经20多年的发展虽已基本建立，但无论在结构上还是在功能上都还不很健全，政府既要求退出市场又要求保护和引导市场。曾经的“包揽一切”惯性容易使政府“越位”，市场体系的不完善又容易使政府“缺位”或“错位”。第二，面临着既是转型领导者又是改革对象的双重困境。政府长期累积起来的“管家”意识一时难以根除，会影响改革的深度和进展。第三，面临着全球化浪潮的机遇和挑战。全球化浪潮使我国能积极借鉴其他国家的先进转型经验，同时也伴随着巨大的“倒逼”压力。

（二）“新常态”下我国城市政府的基本职能

根据党的十八届三中全会关于政府职能的新要求，新常态下我国政府的基本职能应主要体现在规划与引导、规范与监督、宏观调控、提供公共物品和公共服务、对外联系等五个方面。

1. 规划和引导职能

一是研究决策经济发展战略，制定中长期经济、科技与社会发展规划，确定长远目标，为微观主体提供必要的经济信息、发展趋向和正确导向。由计划经济体制向市场经济体制转型并不意味着否定和取消一切计划，只是计划的重点和方式发生了改变，更侧重于长远性、规划性和指导性。这对引导微观主体生产、投资以及经济结构调整会发挥重要的引导作用。二是制定产业政策，促进主导产业和朝阳产业，限制和淘汰落后产业，不断优化全社会生产力布局和产业结构，实现社会资源优化配置。

2. 规范和监督职能

我国的经济体制改革是由政府主导的自上而下式强制型变迁，政府是改革的组织者和推动者，改革的模式和方案需要政府进行必要的规范和协调。主要表现在三个方面：

一是建立统一的市场规则，保障价格机制和竞争机制顺利运转，以促进市场体系不断完善。中国市场经济建设已取得显著成效，商品市场发展最快、生产资料市场初步形成，资本、劳动力、技术、房地产等要素市场日渐成熟，但相对体制转型的目标都还存在差距，主要原因是各类市场的发展速度不一，商品市场发展较快，要素市场明显滞后。特别是计划经济体制遗留下来的地区封锁、城乡分割、行业壁垒、部门垄断等现象没有完全消除，影响着市场的充分竞争和要素的自由流动。而且商品市场的快速发展所引起的诸如假冒伪劣、虚假广告等商业欺诈行为严重干扰了市场秩序，影响了市场的发育，这必需政府进行监督和协调。

二是加强国有资产监督和管理，确保国有资产保值增值。国有经济控制着国民经济的命脉，国企改革是持续多年的“老大难”问题，国家已明确提出国企改革的目标是建立现代企业制度。但市场体系的不完善、政府行为的不规范使得国企改革困难重重。这要求政府一方面要强化自身改革，正确区分国有资产所有者和社会经济管理者职能，退出赢利性和竞争性领域，合理界定企业产权，确保政企分开，另一方面要通过法律法规以及必要的行政手段对国有资产的运行环境以及国有资产本身进行科学的规制和监督，确保国有资产保值增值，严防国有资产流失。

三是促进环境资源可持续发展。市场经济的激烈竞争会导致自然资源的过度开发，经济主体对利润的追求会造成经济的负外部性，如环境污染、噪声污染、生态失衡等，需要政府进行规范、引导并进行监督和协调，以保证经济、社会、生态的协调发展和可持续发展。

3. 宏观调控职能

一是调节社会总供给和总需求平衡。市场经济的自发性、盲目性、时滞性等“先天性”缺陷易造成生产和需求脱节，政府可通过财政、货币手段来改变市场参数，如税率、利率等，以影响厂商的决策，间接引导结构和总量调整。二是促进社会公平。市场经济易注重效率而难保“公平”，政府须利用“看得见的手”来调节分配，如通过累进所得税、转移支付进行收入再分配，通过社会保障制度来保障低收入者的基本生活，通过培训等措施来帮助失业者再就业等。三是推动区域协调发展。我国东、中、西部地区差距很大，要素的本能是爱富弃贫，需要政府出面引导和协调，如西部大开发战略、援疆援藏工程、扶贫脱贫工程等都是经典案例。

4. 提供公共产品和公共服务职能

这也是政府的最基本职能。对于国防、治安等纯公共产品只能由政府独立提供。对于市场能够解决的混合公共产品，政府可以解除经营权限制由市场自行提供，如电力、电信、交通等都已经进行了相应改革。

5. 对外联系职能

一是在遵守国际惯例和国际贸易准则的前提下，积极参与国际交换与竞争，为我国经济发展争取优越外贸环境；二是创造条件积极引进国外先进经验和技术，推动我国经济结构调整和优化。

二、“新常态”下我国城市政府职能的转变

（一）城市政府管理体制的内涵

1. 市政的含义

从狭义上看，市政就是“市政工程”“城市公用事业”的统称，包

括城市道路、桥梁、公共交通、水资源、供水、供气、供热、排水、防洪、市容、风景名胜、园林绿化等方面的建设和管理事务。从广义上看，市政是指城市的全部政权机关（包括立法机关、司法机关和行政机关），是管理市辖区域内的各项社会公共事务的总和。按照市政主体的范围不同，通常分为“大市政”、“中市政”和“小市政”三种类型。“大市政”涉及范围最广，包括城市立法、司法、行政机关等政府性组织和城市市民、各种民间团体等非政府性组织。“中市政”是指城市立法、司法和行政机关等政府性组织。“小市政”最为单一，只是指城市的行政机关。不同口径的市政主体意味着其管理对象也有所差异。“大市政”的市政客体最为广泛，包括市政决策、市政执行、市政监督、市政信息、咨询参谋、市民参政等众多要素。而“中市政”和“小市政”的客体范围就相对要小。对我国来说，市政正处于一种过渡和发展阶段，不便准确单归属于某一种范畴，带有综合性色彩。市政主体正在由以前单纯的城市权力机关、司法机关和行政机关等政府性组织逐渐向包括市民、群团等非政府性组织在内的整个城市政治主体的方向发展。因此，严格说应更加接近“中市政”范畴。

2. 市政管理体制的含义

市政管理体制就是指城市的行政组织结构、职能结构、行政管理方式和行政运行机制的总和。它是一个国家政治体制的重要组成部分，反映着一国政体的基本特征，其发展也会受到一国政治、经济、传统文化等诸多因素的影响。我国的市政管理体制除具有国际上一般市政管理体制的共同特点外，还具有自身特色。主要表现在建制双重性、结构同一性、法律地位的非自治性（民族自治区下辖市除外）、行政地位等级性、职能广泛性、内设层级混合性等方面。其中“建制双重性”最具特色，突出表现在以“市”命名的城市。一般来说，市是设置在城市市区范围内的地方行政建制，不管辖市区外的农村地区。而我国实行的是市领导县（或县级市）体制，曾经还进行过地市合并、县改市等改革，使得市的行政区域包含着市区外的大片农村地区，兼具着一般地域型地方行政建制的性质；不仅要管理市、县政府所在的城市，而且要管理市区外的农村地区，承担着与市民和农民服务的双重职责。这种体制也带来不少弊端和问题，比如政府层级繁多、职能错位、机构臃肿、条块分割等，影响着城市整体功能的发挥。因此，改革我国市政管理体制颇显必要，可从正确界定政府职能、科学设立市政机构、加强市政法制化建设等方面着手。

（二）“新常态”下我国城市政府职能的转变

鉴于我国市政管理体制的特点，目前的市级政府职能并不是按照城市的特点和城市管理的实际需要来配置，而是按照地方政府的要求来配置。一是要履行在城市行政区域内的政治、经济、文化和社会管理方面的职能，如制定法律、法规和执行上级政府的决定等；二是要执行本级人民代表大会的决定；三是要处理好市区以及下辖区的政治、经济、文化和社会活动，管理地方公共事务。

新常态下我国城市政府的根本任务是：彻底转变城市政府的经济和社会职能，整合城市规划、建设、管理和服务职能。总体要求是：按照“政企分开”原则，转变政府职能，重点是转变经济和社会职能。① 核心在于“转变”二字。主要体现在两个方面：第一，职能范围的调整。城市政府新常态下必须撤销或转移部分职能同时强化部分职能。“撤销”以前对微观主体特别是国有企业的全面“包办”，严格遵循市场规律，能由市场自行解决的一律不再干涉，将这些职能全部“转移”给市场。“强化”公共服务职能，由“经济主导型”向“社会主导型”转

① 马彦琳等主编：《现代城市管理学》，科学出版社2003年版，第86页。

变，比如加强公共设施建设、强化生态环境保护、提高社会福利、完善法制体系等。第二，职能行使方式的转变。城市政府应向着科学化、综合化和现代化的方向转变。以前城市政府是唯一的城市管理主体，是通过行政命令来行使职能。而在新常态下，城市管理主体逐渐向多元化发展，管理客体也在发生改变，政府不宜再直接干预微观主体，而是应科学利用经济、法律以及必要的行政手段来履行职能，坚持从以前的“人财物、产供销‘全包’”的直接管控向“引导和协调市场”的间接调控、从“家长式”行政管理向“中介式”公共服务的转变，不断提高城市政府的行政履职和行政监督能力，逐步向市场经济体制所要求的目标迈进。

第三章

城市政府成本的内涵及度量

政府成本的内涵决定于政府的职能，对新常态下的中国来讲，政府成本有其更特殊的内涵。城市政府成本[①]也是如此。政府成本通常易被等同于财政支出，但事实上财政支出只是政府成本的一部分，此外还包括机会成本和社会成本。

第一节　政府成本的含义及类别

一、政府成本的界定

著名财政学专家何盛明教授说过："政府要做的，就是财政要干的！"从某种程度上讲，这就是财政支出与政府行为的关系写照。但财

① 本书的研究对象是城市政府成本，由于它与一般政府成本在性质、特征上基本相似，为行文方便，下文兹不一一指明。如未作特殊说明，政府成本就包括一般政府成本和城市政府成本两种。

政支出只是政府成本的一部分，它不能代表政府成本。政府成本是指政府及其行政过程中所发生的各种费用和开支，以及由其所引发出的现今和未来一段时间的间接性损失。[①] 由此可见，政府成本除包括财政支出外，还包括政府决策和政府行为所引起的社会、经济以及生态等方面的间接性成本。只是因为这些成本难以定量化，在研究时往往只是提及而没有深究。但随着市场经济的发展，“成本”意识不断强化，政府决策和行为成本也逐渐引起关注。

二、政府成本的分类

按照不同的标准，可对政府成本进行不同的分类，本书拟介绍四种类型。第一，根据政府成本发生的“显隐性”，可分为直接成本和间接成本，这也是最基本的分类标准。直接成本是指在成本发生时，人们有直观“感觉”，往往在度量上也比较容易；反之，间接成本就是指发生的成本相对“隐蔽”，直观上较难发觉，度量也比较困难。有学者将间接成本又细分为机会成本、风险成本和社会成本（何翔舟，2001）。本书认为，风险成本可归属于直接成本和社会成本。因为由风险所造成的直接财产损失和后续处置费用以及风险预防费用都属于直接成本，造成的间接性损失则属于社会成本。故本书将间接成本分为机会成本和社会成本。政府成本就分为直接成本（或者说会计成本）、机会成本和社会成本。第二，根据政府成本的功能，可分为政府人工成本、采购成本和决策成本。第三，根据政府的“经济人”性质，从公共选择角度，按照成本支付后是否使其自己受益，将政府成本分为政府消费成本、投资成本和决策成本。第四，根据政府成本影响周期的长短，可分为短期成

① 何翔舟：《论政府成本》，载《新华文摘》2001 年第 12 期，第 8 页。

本和长期成本——前者指成本的影响期只限于当届政府，后者的影响期则超过当届政府。

（一）政府直接成本、机会成本和社会成本

政府直接成本也有学者称之为会计成本，就是指政府各项财政支出的总和。在2007年财政支出科目改革以前，财政支出分为行政管理支出、经济建设支出、社会文教支出、国防支出以及其他支出等五大类。在2007年财政支出科目改革后，分为一般公共服务支出、外交支出、对外援助支出、国防支出、公共安全支出、武装警察支出、教育支出、科学技术支出、文化体育与传媒支出、社会保障和就业支出、医疗卫生支出、环境保护支出、城乡社区事务支出、农林水事务支出、交通运输支出等类别。这些支出项目大都具有弹性，加强对直接成本的研究，不仅利于政府自身的运行与管理，还利于政府的廉政建设和对社会经济资源的优化配置。

机会成本是指经济主体在选择某种行为时所放弃的另一行为可能带来的最大收益。它在政府制定决策时显得尤为重要。政府在作出任何一项决策时客观上都有机会成本的存在，只是有时难以找到可比对象或者是难以计量，也或者对决策者的激励、约束性太小而往往被忽视。

社会成本是指政府行为所造成的社会、经济以及生态方面的损失。它有三大特点：一是影响面广，对社会带来不必要的负担和负面影响。比如，政府审批同意在某河流上游建一化工厂，下游的居民就要饱受水污染、空气污染甚至是土壤污染等。二是影响周期很长，有些在短期内难以显现。如乱砍滥伐造成的水土流失、荒漠化现象，往往要经过几十年甚至上百年的时间才能显现出来。“豆腐渣”工程大多并不是“一建成就倒”，而是要经历几年甚至数十年才会被发现。三是往往难以准确计量。比如前文提到的水污染、空气污染、土壤污染等都是难以计量其所造成的损失。

(二) 政府人工成本、采购成本和决策成本

政府人工成本是指政府直接为公务员招聘、录用、使用、培训、工资福利、社会保障等所必须支付的开支。[①] 主要包括四个方面：一是配置成本，即公务员招聘和选拔过程中的成本。政府每年要招聘一定数量的新职员，以充实或调整公务员队伍，招聘和选拔期间发生的费用就属于人工配置成本。二是开发成本，即公务员培训和开发过程中的成本，包括训练、辅导、会议、实习、轮岗等行为发生的成本。三是使用成本，即公务员工资和福利，这是政府人工成本的核心组成部分。四是保障成本，即公务员退休、疾病等离开工作岗位后从政府获得的保障补助，主要包括医疗保障、退休保险、伤残保障等。

政府采购成本是指政府在采购商品和服务过程中所发生的成本，主要包括采购商品成本和采购服务成本两部分。采购商品成本由采购品数量及其价格决定，主要包括采购办公用房、办公设备、办公用品、水电、印刷、专用设备和材料等方面的成本。采购服务成本指物业、租赁、会议、差旅、劳务、邮电、公务接待、基本建设、债务还本付息和转移支付[②]等方面的成本。国外也将采购成本称为“沉淀成本”（Sunk Cost），即不管政府采购的商品和服务所带来的绩效如何，这些成本都得付出，它是开展工作的基本门槛。

政府决策成本是一个相对复杂的概念，事实上一切政府行为都来源于政府决策。从构成上看，政府决策成本包括基本成本和附加成本。基本成本是指决策行为过程中所发生的费用，如决策调研、制定、执行、

① 文海英主编：《中国政府人工成本》，中国人事出版社2001年版，第2页。

② 政府对债务还本付息和转移支付虽不属于政府采购对象，但还本付息可视作政府对前期采购成本的偿还，转移支付可视作其他层级或地区政府得到转移支付资金后的采购成本，因此都列入采购成本范畴。

监督等方面的费用。正确的决策最为理想，这时的决策成本只包括基本成本。但在实际决策过程中，次优甚至错误的决策并不少见，这时的决策成本除包括基本成本外，还伴随着巨量的附加成本——机会成本和社会成本，其含义在前文已经述及。

上述，政府人工成本、采购成本和决策成本中的基本成本都是直接体现为财政支出，这是财政学研究的重点，并不是研究政府成本的主旨。研究政府成本的主要目的是研究其中的附加成本，即机会成本和社会成本。发生附加成本的原因主要有两点：第一，这部分成本比较“隐蔽”，不容易或者是短期内不容易被发觉；第二，这部分成本不由决策者或行为者自己承担，导致其“经济人”意识淡薄，对一些存在着机会成本的“次优决策”和并存着机会成本和社会成本的“错误决策”考虑不够。

（三）政府消费成本、投资成本和决策成本

从公共选择角度，把政府看作一个“经济人”，根据政府在付出成本即“投入”后是否获取“回报”，可分为政府消费成本、投资成本和决策成本。政府消费成本可以使政府直接获取回报，主要包括工资和福利支出、购买商品和服务支出以及其他补助支出等，这些费用都是被政府人员直接使用。政府投资成本是政府为了满足公共需要为社会“他人”的付出，包括基本建设支出、其他资本性支出、转移性支出等[①]。政府决策成本指前文决策成本中的附加成本即机会成本和社会成本，决策成本中的基本成本属于政府消费成本范畴。

① 这里的政府“投资”是狭义上的概念，指为政府以外的人员即其他国民的付出，不包括政府对自身的“投资”。从本质上看，“消费”也是一种“投资”，是为“再生产”创造条件。即马克思所说的“生产与消费的直接同一性”。政府的“对己投资”列入政府消费范畴。

关于此种分类，需要说明三点：第一，这里是把政府看作一个追求自身效用最大化的“经济人”，是否获取“回报”是指政府行为能否直接为政府自身带来“回报”，不考虑他人因政府“投资”获取收益后为政府带来的正外部性。因为严格说来，政府的众多“投资”都具有正外部性，如国防、教科文卫等，一方面使国民受益，另一方面政府自身也从中获得了效用。第二，这里的政府“投资”是指政府为社会“他人”的付出，不包括政府对自身的“投资”。因为从本质上看，“消费”也是一种“投资”，是为“再生产”创造条件，即马克思所说的“生产与消费的直接同一性”。[①] 这里的“投资”是狭义上的概念，不包括“对己投资”。政府的“对己投资”谨列入政府消费成本范畴。第三，这里的政府消费成本和投资成本不同于财政学上的社会消费性支出和社会投资性支出。财政学以财政支出是否与商品和服务相交换为标准，将财政支出分为购买性支出和转移性支出，且购买性支出又分为社会消费性支出和财政投资性支出。前者包括行政管理性支出、国防费、文教科卫支出，后者包括生产性支出和非生产性支出。在分析政府成本时，政府消费成本只包括“社会消费性支出”中的行政运行和管理有关的费用，而国防费和文教科卫支出属于政府投资成本范畴。

综上，本书对政府成本有三种分类方法，在数据统计和度量上各有特点。第一种分类法，即分为直接成本、机会成本和社会成本，“直接成本”就相当于“财政支出”，财政学已有深入研究。第二种分类法，即分为政府人工成本、采购成本和决策成本，但在数据统计上有很多不便。如政府人工成本在现行财政支出分类科目中只相当于“行政运行”项中的一部分，并没有单独显示。第三种分类法，即分为政府消费成

① 马克思：《〈政治经济学批判〉导言》，《马克思恩格斯选集》，第 2 卷，人民出版社 1992 年版，第 91 页。

本、投资成本和决策成本，就克服了上述不便。统计年鉴中一般公共服务支出以及其他各项功能支出①类下职能事务款②中的前三项即“行政运行”、“一般行政管理事务”和“机关服务”支出都属于政府消费成本范畴，其他皆属于投资成本范畴。此外，第三种分类法是将政府视作一个追求自身效益最大化的“经济人”，更接近于开展“成本”分析的本义。因此，拟选择第三种分类法来度量政府成本。

第二节 城市政府消费成本的度量

一、我国财政收支科目分类概况

为适应政府职能转变和建立公共财政体系的需要，更好地规范财政收支分类、增加预算透明度、强化预算监督，财政部从 2007 年开始对财政收支科目进行改革。改革后的收支分类体系由收入分类、支出功能分类和支出经济分类三部分构成。

（一）收入类科目

收入分类反映政府收入的来源和性质。根据我国政府收入构成情况

① 财政部印发的《2017 年政府收支分类科目》中将一般公共预算支出按功能分为一般公共服务支出、外交支出、对外援助支出、国防支出、公共安全支出、教育支出、科学技术支出、文化体育与传媒支出、社会保障和就业支出、医疗卫生与计划生育支出、节能环保支出、城乡社区支出、农林水支出、交通运输支出、资源勘探信息等支出、商业服务业支出、金融支出、国土海洋气象等支出、粮油物资储备支出等类别。

② 《2017 年政府收支分类科目》在每个职能支出类下又分为若干款，其中第一款都是与职能运行有关的“事务性支出”，如外交管理事务支出、教育管理事务、科学技术管理事务等等，本款下的前三项都是行政运行、一般行政管理事务和机关服务。其他款项都属于政府投资性支出。

并结合国际通行方法，将政府收入分为类、款、项、目四级。6类收入分别为：税收收入类20款，社会保险基金收入类6款，非税收入类8款，贷款转贷回收本金收入类4款，债务收入类2款，转移性收入类9款。每款下又分若干项和级。

（二）支出类科目

支出功能分类主要反映政府活动的不同功能和政策目标。将政府支出按功能分为类、款、项三级，共分17类支出，分别为：一般公共服务类32款，外交类8款，国防类3款，公共安全类10款，教育类10款，科学技术类9款，文化体育与传媒类6款，社会保障与就业类17款，社会保险基金支出类6款，医疗卫生类10款，环境保护类10款，城乡社区服务类10款，农林水事务类7款，交通运输类4款，工业商业金融等事务类18款，其他支出3款，转移性支出9款。每款下又分若干项。

（三）支出经济类科目

支出经济分类主要反映政府支出的经济性质和具体用途。按支出经济分设类、款两级，共12类分别为：工资福利支出10款，商品和服务支出30款，对个人和家庭的补助11款，对企事业单位的补贴4款，转移性支出4款，赠与2款，债务利息支出6款，债务还本支出2款，基本建设支出9款，其他资本性支出9款，贷款转贷及产权参股6款，其他支出5款。[①]

① http：//www. mof. gov. cn/zhengwuxinxi/caizhengwengao/caizhengbuwengao2006/caizhengbuwengao20062/200805/t20080519_23693. html《财政部关于印发政府收支分类改革方案的通知》财预［2006］13号。

二、政府消费成本的构成及度量

在2007年财政收支科目改革以前，政府消费成本就相当于统计年鉴中的“行政管理费”。统计年鉴对行政管理费的统计口径作如下规定：它包括行政支出、党派团体补助支出、外交支出、公安安全支出、司法支出、法院支出、检察院支出和公检法办案费用补助①。这与财政学对行政管理支出的界定一致。财政学认为，行政管理支出是指用于国家各级权力机关、行政管理机关和外事机构行使其职能所需的费用支出。它包括行政支出、公安支出、国家安全支出、司法检察支出和外交支出。其中，行政支出包括党政机关经费、行政业务费、干部训练费及其他行政费。公安支出包括各级公安机关经费、公安业务费、警察学校和公安干部培训学校经费及其他公安经费等。国家安全支出包括安全机关经费、安全业务经费等。司法检察支出包括司法检察机关经费、司法检察业务费、司法学校和司法检察干部训练经费及其他司法检察费等。外交支出包括驻外机构经费、出国费、外宾招待费和国际组织会议费等。若按费用要素区分，行政管理费包括人员经费和公用经费两大类。

自2007年政府收支科目改革开始，行政管理费科目被取消，以一般公共服务支出以及行政运行等类或项科目来代替。根据《2017年政府收支科目分类》，政府消费成本应相当于“支出经济分类科目”中的301－303类支出，即工资福利性支出、商品和服务支出以及对个人和家庭的补助支出。但迄今为止，统计年鉴对财政支出经济分类科目数据并未披露，都是按功能分类科目披露的。在功能分类科目中，政府消费

① 《中国统计年鉴（2002）》，中国统计出版社2003年版，第284页。

成本应包括一般公共服务支出以及其他职能支出类别①中职能事务款下的前三项，即行政运行、一般行政管理服务和机关服务等科目。这在前文已经述及，兹不赘述。目前统计年鉴对这三项数据也并未单列披露，但是有统计记录可查。本书在衡量政府行政成本时，以“一般公共服务支出”来代表政府消费成本。

需要说明的是，无论是以前的行政管理费科目，还是现行的一般公共服务支出等科目，改变的只是科目名称，这是我国财政体制改革的需要，并不影响对政府消费成本的研究。

三、我国政府消费成本状况

政府消费成本主要受经济增长水平、财政收支规模、政府职能及其相应的机构设置、政府消费支出的使用效率等因素的影响。从长期看，前两个因素与政府消费成本呈正相关关系，且比较稳定，这有利于社会资源的更优化配置和更有效的收入再分配。政府职能范围及其相应的机构设置与政府消费成本规模直接关联。无论是以前的行政管理费还是现在的一般公共服务支出，都主要由人员经费和公用经费两部分组成，因此政府职能范围的大小、机构设置以及机关工作人员的数量、公务支出的制度和监督机制就自然成了决定政府消费成本的重要因素。表 3－1 显示了改革开放以来我国政府消费成本②的基本情况。

① 包括外交支出、国防支出、公共安全支出、教育支出、科学技术支出、文化体育与传媒支出、对外援助支出、社会保障和就业支出、医疗卫生与计划生育支出、节能环保支出、城乡社区支出、农林水支出、交通运输支出、资源勘探信息等支出、商业服务业支出、金融支出、国土海洋气象等支出、粮油物资储备支出等类别。

② 由于各级政府成本特别是直接成本在增长机理上相似，为便于统计资料的搜集，兹将各级政府当作一个整体（即“中国统计年鉴”所涵盖的范围）进行分析。后文在具体度量上还是以单个城市政府为研究对象。

表3－1 一般公共服务支出（行政管理费）、财政支出和GDP的相对关系

年份	一般公共服务支出/行政管理费（亿元）	财政支出（亿元）	GDP（亿元）	财政支出占GDP的比重（%）	一般公共服务支出占GDP的比重（%）	一般公共服务支出占财政支出的比重（%）
1978	52.9	1122.1	3645.2	31	1.5	4.7
1980	75.5	1228.8	4545.6	27.2	1.7	6.1
1985	171.1	2004.3	9016	22.4	1.9	8.5
1990	414.6	3083.6	18667.8	16.7	2.2	13.4
1991	414	3386.6	21781.5	15.7	1.9	12.2
1992	463.4	3742.2	26923.5	14	1.7	12.4
1993	634.3	4642.3	35333.9	13.4	1.8	13.7
1994	847.7	5792.6	48197.9	12.4	1.8	14.6
1995	996.5	6823.7	60793.7	11.7	1.7	14.6
1996	1185.3	7937.6	71176.6	11.7	1.7	14.9
1997	1358.9	9233.6	78973	12.4	1.8	14.7
1998	1600.3	10789.2	84402.3	13.8	2	14.8
1999	2020.6	13187.7	89677.1	16.1	2.5	15.3
2000	2768.2	15886.5	99214.6	17.8	3.1	17.4
2001	3512.5	18902.6	109655.2	19.8	3.7	18.6
2002	4101.3	22053.2	120332.7	18.3	3.4	18.6
2003	4691.3	24650.0	135822.8	18.1	3.5	19.0
2004	5522.0	28486.9	159878.3	17.8	3.5	19.4
2005	6512.3	33930.3	183084.8	18.5	3.6	19.2
2006	7779.6	38373.4	209407.0	18.3	3.7	20.3
2007	8514.2	49781.4	270232.3	18.4	3.2	17.1
2008	9795.9	62592.7	319515.5	19.6	3.1	15.7
2009	9164.2	76299.9	349081.4	21.9	2.6	12.0
2010	9337.2	89874.2	413030.3	21.8	2.3	10.4
2011	10987.8	109247.8	489300.6	22.3	2.2	10.1

续表

年份	一般公共服务支出/行政管理费（亿元）	财政支出（亿元）	GDP（亿元）	财政支出占GDP的比重（%）	一般公共服务支出占GDP的比重（%）	一般公共服务支出占财政支出的比重（%）
2012	12700.5	125953.0	540367.4	23.3	2.4	10.1
2013	13755.1	140212.1	595244.4	23.6	2.3	9.8
2014	13267.5	151785.6	643974.0	23.6	2.1	8.7
2015	13547.8	175877.8	689052.1	25.5	2.0	7.7

资料来源：根据相关年份《中国统计年鉴》计算整理。

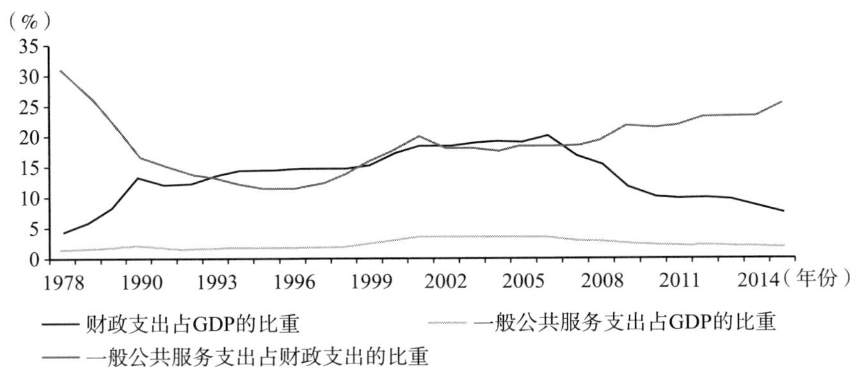

图 3－1　一般公共服务支出（行政管理费）、财政支出和 GDP 相对关系

由图 3－1 可以看出，自改革开放以来，我国一般公共服务支出（或行政管理费）占财政支出的比重在 2005 年以前一直呈上升趋势，这意味着一般公共服务支出（即人员经费和公用经费）的增速要快于财政支出的增速。在 2005 年以后一般公共服务支出占财政支出的比重开始持续下降，特别是从 2013 年开始下降更快，每年下降近 1 个百分点。

从增长速度上看，行政管理费在 2005 年以前也是快于其他各项，在 2005 年以后，增速相对降低。在 2013 年以后，增速是大幅降低，

2014 年还出现负增长，这与 2012 年中央出台“八项规定”、反“四风”等从严治党的新要求密切相关。如表 3－2、图 3－2 所示：

表 3－2　　一般公共服务支出/行政管理费、财政收支及 GDP 增速状况

指标	GDP（亿元）	财政支出（亿元）	一般公共服务支出（亿元）	GDP 增速（%）	财政支出增速（%）	一般公共服务支出增速（%）
1996	71813.6	7937.55	1185.3	—	—	—
1997	79715	9233.56	1358.9	11.0	16.3	14.6
1998	85195.5	10798.18	1600.3	6.9	16.9	17.8
1999	90564.4	13187.67	2020.6	6.3	22.1	26.3
2000	100280.1	15886.5	2768.2	10.7	20.5	37.0
2001	110863.1	18902.58	3512.5	10.6	19.0	26.9
2002	121717.4	22053.15	4101.3	9.8	16.7	16.8
2003	137422	24649.95	4691.3	12.9	11.8	14.4
2004	161840.2	28486.89	5522	17.8	15.6	17.7
2005	187318.9	33930.28	6512.3	15.7	19.1	17.9
2006	219438.5	40422.73	7779.6	17.1	19.1	19.5
2007	270232.3	49781.35	8514.24	23.1	23.2	9.4
2008	319515.5	62592.66	9795.92	18.2	25.7	15.1
2009	349081.4	76299.93	9164.21	9.3	21.9	-6.4
2010	413030.3	89874.16	9337.16	18.3	17.8	1.9
2011	489300.6	109247.79	10987.78	18.5	21.6	17.7
2012	540367.4	125952.97	12700.46	10.4	15.3	15.6
2013	595244.4	140212.1	13755.13	10.2	11.3	8.3
2014	643974	151785.56	13267.5	8.2	8.3	-3.5
2015	689052.1	175877.77	13547.79	7.0	15.9	2.1

资料来源：根据国家统计局网站和相关年份《中国统计年鉴》计算整理。

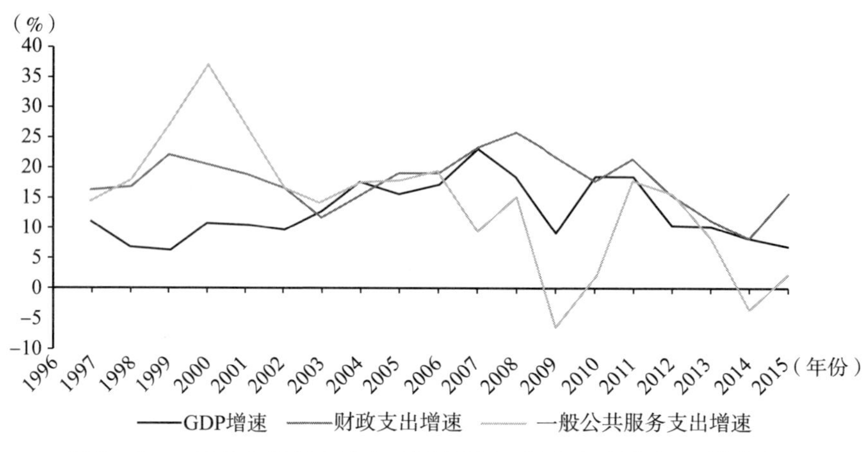

图3-2　一般公共服务支出/行政管理费、财政支出及GDP增长速度

四、政府消费成本的影响因素

政府消费成本是政府履行经济和社会管理职能，维护国家安全和社会稳定的必需支出，属于经常性支出。从世界范围看，政府消费支出占财政支出的比重是呈下降趋势的。我国也一直在提倡要降低政府消费成本，但鉴于我国处于转型期这一特点，可能还出现增长。主要原因是：

第一，公共部门的规模扩大会直接导致行政支出增加。改革开放以后特别是确定建立市场经济体制目标以来，我国政府机构及职能进行了大规模精简和调整，但由于物价水平上升等因素所引致的公务员工资提高以及公共服务需求的增加，使我国的政府机关在机构和人员不断精简、职能不断调整的同时，行政支出规模非但不见下降，反而以快于财政支出和GDP的增长速度上升。

第二，公共服务的需求增加会导致消费成本增加。经济体制改革不断推进、经济活动日趋复杂、社会交往规模日益增大、与经济发展相伴随的城市化浪潮日益高涨等诸多因素，会导致社会服务的需求增大，用于维护社会秩序的公安、司法、检察、安全等公共服务也日益增加。

第三，对外交往规模的扩大导致消费成本增加。国际形势日趋复杂、对外交往日趋活跃使得外交和外事支出也不断增大。

因此，我国政府消费成本的增长具有必然性。这主要是与我国处于体制转型期这一特殊背景有关。在新中国成立之初的“一五”至“四五”之间，行政管理费占财政支出的比重逐年持续下降，但自改革开放以来便出现相反的趋势，行政管理费在各项支出中增长速度最快，占财政支出的比重持续上升，从某种意义上讲也是我国经济体制改革的需求所致。自党的十八大以来，中央出台“八项规定”、反“四风”等系列从严治党的新要求，对公共服务支出特别是“三公经费”管理作出了很严格的规定和监督，使得政府消费成本大幅降低，近几年无论是支出规模还是增长速度都大幅降低。

五、政府消费成本的控制

（一）政府人工成本的控制

政府机构设置直接影响着人工成本。改革开放以来，我国政府机构经历过七次大调整，分别是1982年、1988年、1993年、1998年、2003年、2008年和2013年。1982年第一次机构改革正处于改革开放初期，国家部委和直属部门由98个调减为52个，人员由49万减为32万。地方开始试行市管县，五级政府管理机制初具雏形。1988年第二次机构改革，设置41个部委、19个直属机构和15个国家局，第一次开始实行“三定”（定职能、定机构、定编制）。1992年党的十四大提出建立市场经济体制，1993年开始第三次机构改革，设置40个部委、国务院办公厅、13个直属机构和5个办事机构，国家局由部委管理，各级政府机构开始核定编制。1998年第四次机构改革幅度较大，部委调减为29

个，另有国务院办公厅、17 个直属机构和 5 个办事机构，各级政府机构也开始相应调整。2003 年进行第五次机构改革，成立国资委、银监会、商务部、国家食药监总局、改国家计划委员会为国家发展和改革委员会、改国家计划生育委员会为国家人口和计划生育委员会。2008 年实行大部制改革，设置 27 个部委、国务院办公厅、16 个直属机构、4 个办事机构和 14 个直属事业部位。2013 年进行第七次机构改革，继续实行大部制改革，撤销铁道部，组建国家铁路局和中国铁路总公司，撤销卫生部、国家人口和计划生育委员会，成立国家卫生和计划生育委员会，重新组建国家食品药品监督管理总局、国家新闻出版广播电影电视总局、国家能源局和国家海洋局等。调整后，国家部委减少至 25 个。具体如表 3 –3 所示。

表 3 –3　　国务院历次机构大改革前后机构设置对照　　单位：个

	1982 年		1988 年		1993 年		1998 年		2003 年		2008 年		2013 年	
	前	后	前	后	前	后	前	后	前	后	前	后	前	后
部委机构	52	43	45	41	42	41	40	29	29	28	28	27	27	25
直属机构	43	15	22	19	19	13	13	17	17	18	18	15	17	17
办事机构	5	2	4	7	9	5	5	6	6	4	4	4	4	4
国家局	—	—	—	5	15	15	14	19	19	10	10	16	22	22
总数	100	61	72	73	86	75	73	72	72	61	61	63	70	68

资料来源：根据中国机构编制网 http：//www.scopsr.gov.cn/zlzx/zlzxlsyg/201409/t20140929_266637.html；王伟：《构建与嬗变：中国政府改革与发展 30 年》，郑州大学 2004 年版；张志坚：《中国行政管理体制改革和机构改革》，中国大百科全书出版社 2001 年版等资料整理。

以上每次机构调整都会减少政府消费成本。1982 年机构改革使政府工作人员减少 1/3 左右，另外几次也基本都在 20% 以上，其中 1998 年精简政府人员在 50% 以上，这意味着即使在人员经费标准不变的情况下，政府消费成本中的“人头费”也会同比例减少。在机构及人员数量确定的基础上，就可以从政府人工成本的构成着手来分别进行控制。政府人工成本由配置成本、开发成本、使用成本和保障成本等四项构成，前两项在总额中占比很小，且减少余地有限，控制余地较大的主要是使用成本和保障成本。

1. 人工使用成本的控制

政府人工使用成本主要包括政府机关人员的工资（含基本工资、补助工资和奖金）、福利支出和职工住房建设投资（1998 年后国家已取消了福利分房政策，这项成本目前已不存在）。从公务员工资制度来看，新中国成立以后，我国公务员的工资制度先后进行了四次大的改革。

1956 年实行第一次工资制改革，将政府人员工资分为 30 级，考虑地区差异将全国分为 11 个工资区，第 11 类区比第 1 类区同级别工资高 30%。不过由于当时主流观念对于物质报酬持否定态度，这次工资制度改革并没有完全推广。1985 年进行第二次工资制改革，由职务等级工资制改为由职务工资为主的结构工资制，规定机关和事业单位人员工资由四部分组成。一是基础工资，所有人一样，不分职务等级和工作年限。二是职务工资，职务越高金额越大。三是工龄津贴，主要根据工作年限来定。四是奖励工资，即根据单位行政经费的结余情况对绩效好的工作人员实行的奖励。1993 年实行第三次工资制改革，正处于实行国家公务员制度初期，在总结和吸收前两次工资改革经验的基础上，实行职务级别工资制。按照国家公务员的职务、级别、年龄及实际贡献确定工资标准，公务员工资由职务工资、级别工资、基础工资和工龄工资组成。其中职务工资体现公务员职务高低、工作难易程度和责任轻重；级别工资体现公务员的资历和能力；基础工资体现工资的保障职能；工龄工资体现公务员的积累贡献，按工作年限计发。除工资外，还包括奖金和津贴，但这两者都只是作为工资的辅助部分和必要补充，主要起着奖优罚劣、奖勤罚懒的作用，并非人人有份。2006 年实行第四次工资制改革，旨在有效调控地区工资差距，逐步将地区工资差距控制在合理范围内，并对基本工资结构做了调整，不再保留基础工资和工龄工资，级别工资权重有所加大。同时，公务员工资级别从原来的 15 级调整为 27 级。除历次工资体制改革外，公务员工资还会适时进行加薪。自 1989 年以来，我国公务员已经实施了七次加薪，分别是 1989 年、1997 年、1999 年、2001 年（1 月、2001 年 10 月）、2003 年和 2015 年等，并且从 2015 年起实行定期调整机关工作人员基本工资标准的制度，根据工资调查比较结果，综合考虑国民经济发展、财政状况和物价变动等因素，原则上每年或每两年调整一次。这些调整基本上都会导致政府消费成本的增加，当然这是经济、社会发展的需求所致，是一种客观现象，没有主观控制的空间。

2. 人工保障成本的控制

我国的干部福利制度是从新中国成立前老解放区党政机关和军队的供给制以及解放后实行的劳动保险制度演变而来的。长期实行的是一种“低工资、多补贴、泛福利”模式，许多劳动报酬之外的补贴，如住房（1998 年已取消）、教育、文化设施等是以非商品的形式无偿提供给职工的，曾经的公费医疗也是一项重大福利。这种“泛福利模式”曾出现种种弊端，如漏洞多、管理难、资源闲置和浪费等，后来经多次改革不断规范和完善，目前公务员福利主要包括生活困难补助、病假待遇、年休假待遇、探亲假待遇、女职工产假待遇、公务员的集体福利（如规定的书报费、防暑取暖费、住房公积金等）等，以前那些“补贴式”额外福利基本没有了。同时，各种公务员保险制度如养老保险制度、医疗保险制度、伤残保险制度等陆续出台，特别是 2015 年国务院正式印发《关于机关事业单位工作人员养老保险制度改革的决定》和《国务院办公厅关于印发机关事业单位职业年金办法的通知》，标志着我国公务员养老保险制度的正式确立，这对规范和降低政府保障成本都大有裨益。

（二）政府公用经费的控制

相对人员经费，控制政府公用经费要复杂和困难很多。在转型期，政府职能正在按照市场经济要求循序改革，还没有最终定型，所以控制公用经费显得比较棘手。历次政府机构改革减少了政府人员经费。理论上讲，公用经费应当同时减少，但实际上非但没有减少，反而增加了。究其原因：一是政府职能转换过程中存在机构或职能叠加现象。在新旧体制转换过程中，一方面为适应改革需要会扩大和增设一些机构，如设立体改研究中心、加强立法机构、扩大市场监管机构等，但另一方面旧体制下的一些政府职能，如经济建设、职工医疗等，并没有同步有效压缩，从而导致公用经费增长。二是公用经费范围和项目控制不严格，在党的十八大以前存在铺张甚至奢靡、浪费现象。公车超标、公车私用、公款出国、公务接待、公款旅游、公款吃喝，办公室超标等现象都大幅增加了政府消费成本，使得公用经费连年攀升，这种现象在党的十八大以后得到明显遏制，近几年大幅降低甚至还出现负增长。

综上，控制公用经费从根本上应从强化公用经费预算约束、提高政府工作效率、改变工作作风等方面入手。一是科学界定政府职能范围，严格控制政府机构和人员数量，这会同比例减少政府人员经费。二是不断提升公务员队伍业务素养，提高工作效率，有助于降低公用经费。三是继续推进从严治党，加强公务消费管理和监督，严防“四风”反弹。这需要各级纪委、审计、监察、财政、物价等部门积极配合，切实发挥各自职能，严格监督，严肃处理，不断推进公用经费支出管理的科学化和规范化，促进政府行政理念和工作作风发生根本性转变。

第三节　城市政府投资成本的度量

一、政府投资成本的构成

在2007年财政收支科目改革前，政府投资成本是财政支出科目按功能性质分类扣除“行政管理费”后的剩余部分，包括经济建设费、社会文教费、转移支付等，这些数据在统计年鉴中都有着明确的记载。其中，经济建设费包含的项目比较多，包括基本建设支出、增拨企业流动资金、挖潜改造资金、支援农村生产支出、工交商业部门事业费、地质勘探费等。社会文教费包括文教、科学、卫生事业支出、抚恤和社会福利费、一些政策性补贴支出等。

在2007年财政收支科目改革后，在按功能性质分类支出科目中，排除“一般公共服务支出”以及其他类别中涉及行政运行、一般行政管理服务和机关服务的支出后，剩余部分便属于政府投资成本范畴。具体包括外交支出、国防支出、公共安全支出、教育支出、科学技术支出、文化体育与传媒支出、对外援助支出、社会保障和就业支出、医疗卫生与计划生育支出、节能环保支出、城乡社区支出、农林水支出、交通运输支出、资源勘探信息等支出、商业服务业支出、金融支出、国土海洋气象等支出、粮油物资储备支出、住房保障支出、援助其他地区支出、转移性支出、债务还本支出、债务付息支出以及债务发行费用支出等共23类科目。由上可知，财政收支科目改革后，财政的投资性功能并没有发生变化，只是支出管理更加精细化，便于提高财政资金的使用效率，政府投资成本也不会因科目调整而发生变化。

二、政府投资成本的影响因素

这可以从相关财政支出项目的需求和供给两个方面来分析。

（一）需求因素的影响

从需求方面看，主要有制度因素、政策因素、经济因素、人口因素、区域环境因素等方面的影响。

第一，制度因素。主要表现在两方面：一是政府职能范围，二是城市经营机制。从政府职能范围看，它直接关系到政府对经济生活干预的程度，进而影响财政支出规模特别是政府投资成本的大小。在计划经济时期，政府包揽一切，政府投资成本也要高昂许多。在市场经济时期，政府的职能只是弥补市场失灵和促进社会公平，对微观领域干预甚少，投资成本会相对降低。从城市经营机制看，除纯公共物品必须要由政府直接提供外，大量的城市准公共品可鼓励社会力量参与。这不仅提高了公共品的供给效率，还可以减少城市财政在公共品领域的资金沉淀，有助于降低政府投资成本。

第二，政策因素。主要表现在两方面：一是中央政府的宏观经济政策，二是城市公共政策。中央政府的宏观经济政策影响着城市财政支出的投向和规模。在中央扩张性财政政策下，城市财政也会相应扩大支出规模，这也是贯彻中央宏观经济政策的必需措施，特别是对城市基础设施支出的增加常常被作为刺激需求的一个手段。另外，城市公共政策是城市财政支出的导航仪，每项城市公共活动直接或间接地受到公共政策的引导。比如城市土地和住房政策、城市基础设施建设和管理政策、城市环境政策、城市社会保障政策、城市文化教育政策等，直接决定着财政支出项目的轻重缓急，也影响着城市政府的财政支出。

第三，经济因素。这类因素比较广泛，这里只是选择几个主要方面。一是城市化水平。城市化水平越高，对城市公共品如基础设施、文化教育设施等的需求就越大；二是居民收入水平，收入水平越高，对公共品以及公共服务要求的质量也就越高；三是公共品投入价格，投入价格越高，同等数量下供给成本也会增加。

第四，人口因素。这是在城市化进程中影响政府投资成本的一个很重要的因素。人口增加使人均拥有公共物品的数量相对减少，政府服务对象的规模扩大，使得政府提供的公共产品和公共服务的数量都要相应增加。人口增长和城市财政支出的关系可以用“拥挤函数”表示①：

$$A_i = \frac{X_i}{N^a}$$

其中，A_i 为第 i 种公共产品为每个社会成员提供的服务；X_i 为生产第 i 种公共品的最终费用，N 为人口规模，a 为拥挤参数。可以分三种情况来考虑：

第一种情况：当公共部门提供的是纯公共产品时，$a=0$（根据公共产品的定义可知，每增加一个消费者，纯公共产品的边际社会成本为零），于是，$A_i = X_i$。这说明每人所得到的公共品的服务是整个社会所提供的公共产品的总量。如果不存在价格效应，人口的增加并不会直接导致财政支出增加，最典型的例子有国防、法律等。如果存在价格效应，当人口增加时，每个人所分担的公共支出份额变小，引起对公共产品的需求增加，导致财政支出增加。

第二种情况：当政府提供的是私人产品时，$a=1$，效用可以分割，每个成员可得到 X_i/N 份效用。这意味着个人效用将会随着人口的增加而下降，因此要维持个人效用不变，政府的公共支出就必须随人口的增

① 王晶：《城市财政管理》，经济科学出版社 2002 年版，第 98 页。

加而增加。

第三种情况：如果政府提供的是准公共产品，$0<a<1$。这时每个成员得到的效用会随人口的增加而下降。如果想保持原来的效用水平，就会要求政府增加财政支出。

第五，区域环境因素。城市化的高速发展要求密切加强区域经济合作。组建都市圈、发展区域共同市场可以有效降低区域资源配置成本，有效避免低水平重复建设，降低要素和产品在区域间流动成本，也会减少城市政府的投资成本。如长三角、珠三角、环渤海地区都在深化区域内经济合作，比如统筹规划跨行政区公共物品建设、相互开放产品和要素市场，这大大提高了城市公共物品的供给和使用效率，有利于降低政府投资成本。

（二）供给因素的影响

从供给方面看，主要有经济因素和制度因素。经济因素主要体现在城市经济发展水平的影响，制度因素主要体现在税收制度和预算管理制度的影响。

第一，财政体制因素的影响。在实行财政“分灶吃饭”即1980年以前，地方政府基本没有财权（尽管经历了由新中国成立初期的“高度集中”到后来的几次下放部分财权，如“收支包干”、“收支挂钩、总额分成”等，但地方政府财政权限仍极其有限），绝大部分财力都集中于中央政府。后来又经历了三次大变革，分别是“划分税种、核定收支、分级包干”（1985年）、“多种形式包干”（1988年，如“收入递增包干”、“总额分成”、“总额分成加增长分成”等）和分税制改革（1994年）。财政包干制扩大了地方政府财权，调动了地方政府的理财积极性，刺激各地大开财源增加财政收入，因此各地方政府的投资规模也空前高涨。20世纪80年代各地小而全的重复建设，如小纺织厂、小轧钢厂、小化工厂、小烟厂、小酒厂等都是明证。这显然是受地方财力增加的刺激造成的。1994 年开始实行分税制，对中央和地方政府的征税税种、税率等都做了明确划分，城市政府的收入逐渐走向规范化，这当然也影响着城市政府的支出规模。

第二，税收制度的影响。由于税收制度对税源、税种、税率等都有着明确规定，因此它直接影响着城市财政征取税收收入的多少。

第三，预算管理体制的影响。预算外资金是转型期财政体制的孪生体，国家设立预算外资金是为了拓宽地方政府在发展中所需资金的筹措渠道，它是城市政府收入的一个重要来源。近年来，不断进行的财政体制改革正努力将预算外资金收入纳入预算内管理，逐步取消各种不必要的行政性收费，同时也逐步规范这类资金的支出管理，提高使用效率，在一定程度上也影响着城市政府的支出规模。

第四节　城市政府决策成本的度量

政府履行职能最终都归属于决策问题。事实上政府的每一行为都是先有决策后有行动。制定任何一项决策都伴随着一定的成本，包括决策的制定、实施、监督过程中所发生的费用、机会成本和社会成本。这里只是讨论后两者。主要基于两点考虑：一是按照上节的分类方法，决策的制定、实施和监督费用属于政府的日常业务活动，归“一般公共服务支出”，属政府消费成本范畴；二是它在数量上相对于后两者显得很渺小，对决策成本的影响微乎其微。

一、机会成本的度量

（一）机会成本的含义

机会成本就是指一种生产要素在用于某种用途时所放弃的用于其他

生产活动可能带来的最大收益。由此，政府机会成本就是指政府在作出某种选择时所放弃的另一选择可能带来的最大收入。实际上，任一决策都有机会成本的存在。政府的所有付出或者决策造成的损失并不由政府自己承担，而是最终转让给纳税人。这容易造成有些政府决策者在制定决策时成本意识淡薄甚至是根本不存在成本意识，特别是机会成本和社会成本意识。有些决策者虽然考虑到机会成本，但往往由于它难以找到可比对象或难于计量而将其忽视。并且由于它不为大多数社会公众所了解且计量困难而很少受到监督。

（二）机会成本的度量

准确度量机会成本是探讨多年的难题，本书谨尝试做些初步探索。先将政府决策分为两种：一种是直接引发支出（包括政府支出和民间支出）的发生，另一种是不直接引发支出的发生，如制定制度、政策等。

1. 直接引发财政支出的决策机会成本度量

不妨从支出资金的来源上来考虑其机会成本。政府的公共支出都来源于财政收入，而财政收入是通过国民收入的再分配取得的，主要包括一般公共预算收入（如税收收入、行政事业性收费收入等）、政府性基金预算收入、国有资本经营预算收入和社会保险基金预算收入。2015年开始实施的新《预算法》第三十五条规定：经国务院批准的省、自治区、直辖市的预算中必需的建设投资的部分资金，可以在国务院确定的限额内，通过发行地方政府债券举借债务的方式筹措。这样，城市政府又增加了一个收入渠道，即发债收入。此外，部分城市政府还可能存在转移性收入。不管城市政府获得资金的方式如何，最终来源只有一个——纳税人，即私人部门。因此在计量政府支出的机会成本时，不妨以政府支出资金被纳税人使用时可能产生的价值来进行度量。

资金在纳税人手中无外乎两种用途——消费和投资。用于消费时，它为消费者带来一定的消费流；用于投资时，会为投资者（私人）带来收益。通常，纳税人不会将拥有的资金全部用于消费或全部用于投资，而是各占一部分。现以 θ 代表纳税人资金中用于投资所占的比重，$(1-\theta)$ 则代表消费所占的比重。假定投资的年回报率为 ρ，则 1 单位货币投资每年均产生一个价值 ρ 的产出集。假设这种产出一旦获得便进行消费，则所产生的消费流现值为：

$$V=\sum_{t=1}^{\infty}\frac{\rho}{(1+\gamma)^{t}}$$

其中，γ 为社会贴现率。由于存在个人所得税和对个人资本收入（股息、资本收益、利息）征收的税，因此可以预期边际私人投资的回报率 ρ 大于社会贴现率 γ。由于 ρ 和 γ 固定，因此，$V\approx\frac{\rho}{\gamma}$。由此，政府支出 1 单位货币的机会成本（记做 α）可表示为：

$$\alpha=(1-\theta)+\frac{\theta\rho}{\gamma}$$

下面对上述指标进行量化选择。不妨用城镇居民平均家庭消费性支出的总额（C_t）占城镇居民家庭平均年收入的比重（I_t）来度量 θ，用各地区资本形成总额与当地 GDP 之比度量 ρ，用当年的平均利率衡量社会贴现率 γ。这些指标都可以从统计年鉴上获得，由此便可以计算出城市政府投资的机会成本。

对于引发民间支出的政府决策来说，也可以采取这种方法来计算机会成本。

2. 不引发支出的决策机会成本度量

政府有些决策如制定政策、制度等并不直接引发财政支出，只是会引起利益的调整和变化。那么制度实行前的利益（或者说收益）就可以作为该项制度或政策的机会成本。若制度实施后使得利益（或收益）增加，则该项制度的机会成本就相对要小，说明该项制度是正确的；否则，机会成本就相对要高，说明该项决策有失误或者是错误的。

（三）机会成本的应用——政府潜在收益指数

机会成本为政府决策提供了一个指南，政府在决策时会选择机会成本最小的方案实施。政府制定决策时通常面临两种情况：一是是否实施某项决策；二是在多项决策中选取最优者实施。

第一种情况比较容易判断，只需考虑一项机会成本，就是决策实施前的收益，同时计算出决策实施后可能带来的预期收益，将两者进行比较即可。

第二种情况相对要复杂很多，它要求分别计算各项决策的预期收益，这样才能多中选优。以政府在多个项目中选取一个项目来实施为例。每个项目的收益都是其他项目的机会成本，如果选择预期收益最大的项目，则它的机会成本也就最小。如果决策有偏差或失误，则它的机会成本就会大于该项目的收益。因此，在将机会成本纳入总量考虑时，应将它计入“收益”部分。为避免重复计算，将某项目的实际收益和其机会成本进行比较。若前者大于后者（这意味着该项决策是最佳决策），机会成本就可以不计入总量；若前者小于后者，则二者差额的绝对值就属于“收益的损失”。原因是这部分收益本应属于正确决策的项目“所得”，因决策失误而使其丧失了。这部分潜在收益和相应的潜在成本因实际上并未发生，故在计算政府的实际成本和收益时不应计算在内，在衡量政府效率时可纳入考虑范围。

不妨用以下方法来对其进行计量：用上述的收益差占政府实际“收益”的比重除以该收益差引起的成本占政府总成本的比重，其商则为政府在该项决策上的潜在收益指数。设效益损失为 ΔR，由其引起的成本为 ΔC，政府总收益为 R，政府总成本为 C，则政府该项决策的潜在收益指数（I_L）为：

$$I_L=\frac{\frac{\Delta R}{R}}{\frac{\Delta C}{C}}=\frac{C}{R}\cdot\frac{\Delta R}{\Delta C}$$

按照前述计算机会成本的方法，这里的$\frac{\Delta R}{\Delta C}$（即 $dR'(c)$）实际上就是等于 α，即该项决策中 1 单位货币的机会成本。上式第一项表示政府 1 单位收益需要多少单位的成本付出，第二项表示在潜在的项目（或者说最优决策的那个项目）中 1 单位成本能产生多大的收益，二者之积则意味着 1 单位政府实际收益相当于多少单位的潜在项目收益，兹定义为政府潜在收益指数。政府潜在收益指数越大，说明政府的决策偏差或失误程度就越大。这种方法对计算政府投资且产生亏损的项目是一个很好的计量手段，有些政府投资项目到后来都产生了严重的亏损，而一般情况下因其难以估量和监督使得政府对此并不承担责任。但若度量出决策的机会成本以及政府潜在收益指数，就会在一定程度上避免这种现象的发生。

二、社会成本的度量

（一）社会成本的内涵

社会成本就是指由政府行为所造成的在社会、经济以及生态方面的损失。根据损失发生的原因，可将社会成本分为因政府决策失误或错误引起的灾害事故性社会成本、生态环境性社会成本和寻租性社会成本三大类。每类成本又包含若干类别，以工程事故所造成的社会成本为例，灾害事故性社会成本主要包括人员伤亡和财产损失；生态环境性社会成本主要包括生态破坏、环境污染等造成的实物型损失（如水土流失、景观破坏等）和可能影响人类生活和健康的间接损失；寻租性社会成本主要包括因政府决策中存在寻租而造成不必要的社会资源浪费等方面。

社会成本的产生意味着政府决策的失误甚至错误，并且在有些情况下还不会在当期表现出来，是“细水长流”式的“慢性病”。如破坏植被引发的“沙尘暴”、工业废水长期排放造成的土壤和水质破坏、大量的“三高一剩”产业长期存在导致雾霾等都属此类。当然有些也是一次性体现出来，如政府对一项工程决策不当导致工程质量出现问题或在建成不久又人为拆除等现象，就属此类。此外，政府决策还为寻租提供了空间，寻租会严重影响政府的决策结果，特别是在政府工程招标时更为突出，这会造成一些不必要的社会资源浪费，兹将这部分损失称为寻租性社会成本。主要体现在两方面：一是寻租者为获得租金向政府有关人员行贿，这属于政府决策引致的直接社会损失；二是寻租者从政府那里获得机会后，可能并不符合政府的初设条件或者即便符合条件但后续也不按初始要求行事，为未来的社会损失埋下隐患。

（二）度量社会成本的注意事项

第一，社会成本往往和机会成本密不可分。一旦社会成本产生，便是“损了夫人又折兵”。当发生社会成本时，一方面它为社会带来了损失，如财产损失、疾病甚至死亡等；另一方面，该项决策还存在着巨大的机会成本。试想如果决策正确，会产生可观的收益。

第二，必须分清社会成本产生的原因归属。在计算社会成本特别是计算灾害损失性社会成本和生态环境性社会成本时，要注意分清事故是否是因政府决策失误造成的。事故发生的原因可归因为自然原因和人为原因两个方面。自然原因包括天体变异、岩石圈变异、水圈变异、大气圈变异和生物圈变异等五大类，由自然原因产生的灾害事故包括天文灾害、气象灾害、地质灾害、地貌灾害、水文灾害、生物灾害和环境灾害等七大类。[①] 这些事故在纳入社会成本时需视情况具体分析。比如，地貌灾害、生物灾害、环境灾害、水文灾害绝大多数是自然原因，也有可能是人为原因。人为原因包括人类社会自身各种非正常的生产、生活活动及反常行为，由人为原因引起的事故包括火灾、爆炸、交通事故、建筑物事故、工伤事故、卫生灾害、医疗事故、中毒事故、职业病、传染病、科技事故等十大类。政府只是“人类社会”的一个部门，由政府引起的事故损失才纳入政府社会成本的考虑范畴。通常，政府“人为”事故很多是政府决策的建筑物或公用设施事故以及铁路、民航、海事等公用交通事故。这些事故发生的概率很小，不过一旦出现，损失便非常惨重。其他人为事故中政府因素就相对要少一些，尽管或许和政府有一定牵连。同样，在度量生态环境性社会成本时也要分清楚是否是由政府决策原因造成的，否则便不能计入。对于寻租性社会成本，由于它直接发生在寻租者和政府官员之间，政府负有不可推卸的责任，故这方面的成本都得计入。

（三）灾害事故性社会成本的度量

1. 度量灾害事故性社会成本的基本思路

对由政府原因引发的灾害事故进行评估时，灾害、事故损失（包括直接损失和间接损失）的货币金额便是政府决策的社会成本。灾害损失评估是一项系统过程。从理论上看，根据事故评估相对于灾害事故发生的时间，可将灾害损失评估分为预评估、跟踪评估和实评估。跟踪评估是基础，实评估是主体，预评估是发挥灾害统计多功能的表现，三者紧密结合，构成了灾害事故损失评估系统。

---

① 有关灾害事故的种类参见许飞琼著：《灾害统计学》，湖南人民出版社 1998 年版，第 207～209 页。

在度量政府决策的社会成本时主要是实评估。实评估就是指在灾害事故发生后，对其造成的实际损害后果进行计量，目的是客观、真实地反映本次灾害损失的规模和程度，为进一步组织灾后救援工作和恢复重建工作并确定未来的减灾对策提供依据。它可以分为直接损失评估和间接损失评估两大类，其中两者又可以分为经济性和非经济性损失。这样，灾害损失实际上由以上四部分组成，若以货币为计量单位，其函数表达式便为：

$$M = f(Q,\ N) = f(q_1,\ q_2,\ n_1,\ n_2)$$

式中，M 表示折算成货币损失的数量，Q 表示直接损失因子，N 表示间接损失因子，q_1、q_2 分别表示直接经济损失和直接非经济损失，n_1、n_2 分别表示间接经济损失和间接非经济损失。

需要说明的是，一项灾害事故往往不只是一项损失，而是包含多项损失，因此上述四大变量又可分为若干项。如一座建筑物倒塌造成的直接损失包括死亡人口数、伤残人数、设备损失、设施损失等许多项，间接损失包括人员伤亡后所支付的间接费用、精神损失、社会环境损失等。这样，每一变量又可建立它们的损失估计函数，然后利用各自损失估计函数计算出分项损失的货币数量，最后将分项损失的货币数量加总求和，即可得到某次灾害事故的总损失费用。用公式表示为：

$$M = \sum_{i=1}^{n} M_{A_i} + \sum_{j=1}^{m} M_{B_j}$$

式中，M 为总货币损失，M_{A_i} 为第 i 项直接损失，M_{B_j} 为第 j 项间接损失，n、m 分别为直接与间接损失的项数。

在具体评估过程中，难点是如何确定模型参数。也就是说，计算出灾害事故造成的每一项直接损失与间接损失。根据国内外理论与实践，较为通用的灾害损失评估方法主要有调查评估法、专家评分评析法、人力资本法、影子价值法、市场价值法、海因里希法和西蒙兹法等。这些都是在各个领域都常见的基本统计方法，每种方法各有特点，在实际应用时可根据具体情况来合理选择。

2. 度量灾害事故性社会成本的指标体系

根据上述灾害事故损失评价思路可以看出，任何一项损失不外乎是人员伤害与财产损失以及其他损失（间接损失）。具体评估指标可以按下图来进行设置。

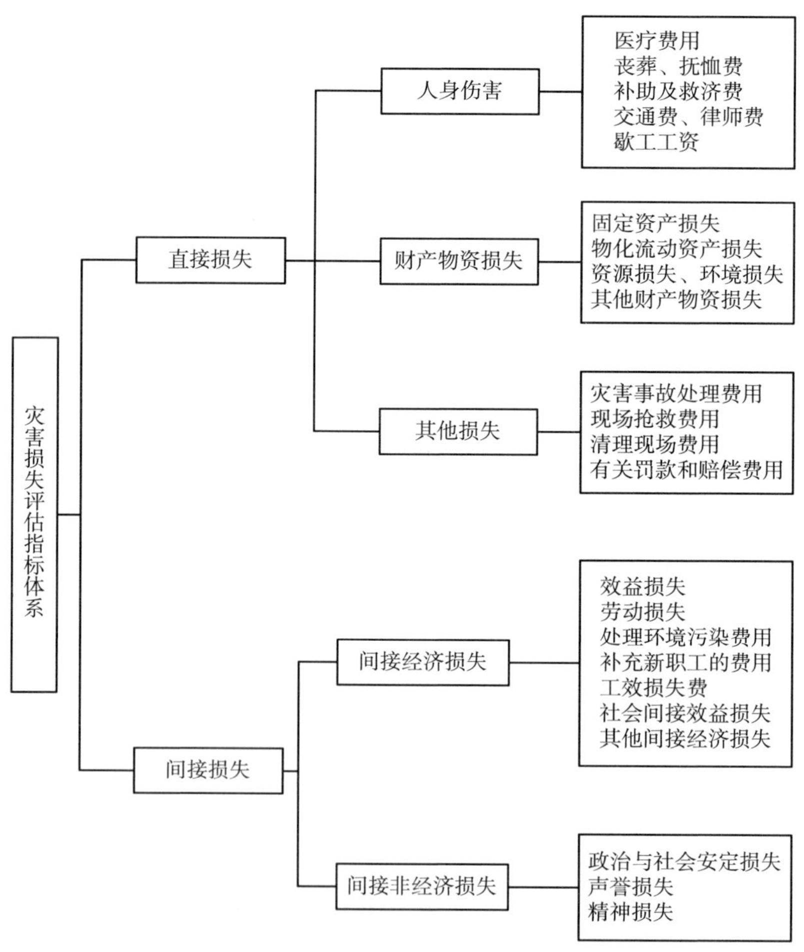

图 3－3　灾害损失评估的指标体系理论框架①

① 许飞琼：《灾害统计学》，湖南人民出版社 1998 年版，第 216 页。

在灾害事故评估中，一般只对灾害事故所造成的各种直接和间接损失进行评估，非经济损失则因其难以从价值量的角度评估而一般不纳入损失总额中，但可以作为对灾害事故损害后果的定性分析指标。

(四) 生态环境性社会成本的度量

1. 生态环境性社会成本概述

生态环境损失是政府决策成本的重要组成部分，在一切与环境有关的决策中，都须作为一个重要因子考虑。城市生态环境系统由城市生命系统和城市环境系统组合而成。前者的主体是城市居民，以及各种人工种养的和天然的植物、动物、微生物群落等；后者包括城市自然环境和城市人工环境，自然环境包括自然水体、矿藏、自然景观等，人工环境包括城市建筑物、人工景观等。[①] 有研究认为，为了使环境损失能够真正影响决策制定，有必要使其计量与国民经济核算系统挂钩。如日益倡导的“绿色 GDP”就是基于这方面的考虑。为适应可持续发展的需要，世界上正大力倡导一种含有环境内容的新国民核算系统（A New National Accounting System with Environment Contents）。其中的环境内容部分通常是作为附属账户（Satellite Account，也称为“卫星账户”）来处理的。[②] 在构造环境账户时，环境资产既需以存量形式出现，又需以流量形式出现。从有效形式看，流量形式更为重要，在环境账户中起着比环境资产存量更重要的决定性作用。这些以环境流量为主线的环境账户，对包括中国在内的发展中国家具有特殊意义。这些国家正处于工业化高速发展期，经济结构都以劳动密集型和资源密集型产业为主，产业技术相对落后，由此产生的环境污染和生态破坏已使国家的整个环境处于恶

① 马传栋：《城市生态经济学》，经济日报出版社 1989 年版，第 42 ~ 43 页。

② 郑玉歆主编：《环境影响的经济分析：理论、方法与实践》，社会科学文献出版社 2003 年版，第 85 页。

化状态，面临着巨大而紧迫的环境压力。因此，发展中国家的紧迫任务，不是核算环境资产存量，而是核算流量（即破坏量），进而制定相应的环境政策。首先要遏制恶化趋势，避免不可逆性损失，在此基础上再制定发展战略消化掉已形成的环境成本。

2. 计量生态环境性社会成本的基本思路和方法

（1）基本思路。环境损失计量涉及四个变量、三个过程以及相应的时变处理，是一个从环境破坏状况到环境账户表达的全过程。环境损失成本计量的核心问题是规范与完善其可计算性，表现为由基本环境数据可计算出环境账户中的相应栏目之值。其中，基础环境数据应来源于环境保护部门公布的环境监测数据。这样，整个计量过程可概括性的表述如下，如图 3－4 所示：

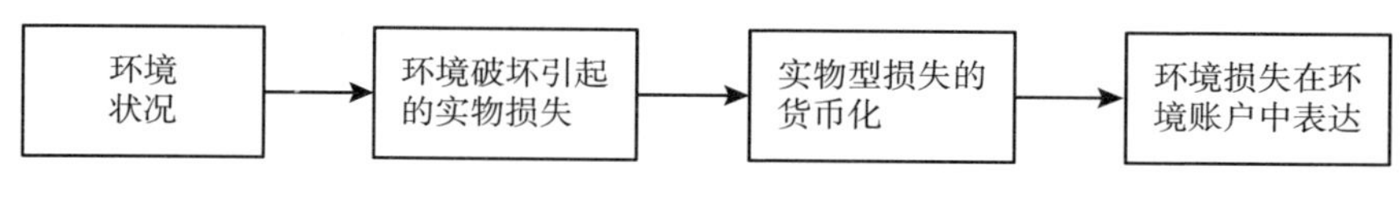

图 3－4 环境损失计量流程①

由图 3－4 可知，整个环境损失计量包括四个部分，分别对应着四类变量，即环境状态变量、实物型损失变量、实物型损失的货币化变量和核算变量。包含着三个主要过程：一是由环境状态计算实物型损失，二是将实物型损失货币化，三是将货币化损失归类为环境账户中不同栏目。本书在计算政府决策的社会成本时，暂且只考虑前两个过程，这样只涉及前三类变量。

① 郑玉歆主编：《环境影响的经济分析：理论、方法与实践》，社会科学文献出版社 2003 年版，第 89 页。

（2）度量原则。在度量生态破坏状况时，须遵循三个原则。[①] 第一，“基准存量”原则。任何生态破坏都是相对一种基准存量而言的，基准存量选择可以有两种标准：一种是把某一年的生态资源存量作为基准存量，实际上是选择“基准年”。这样，生态资源的累积破坏量就是计算年与基准年的资源存量的差额。另一种是以一个政策目标设定的存量值作为基准存量，这实际是“基准态”的选择。“基准年”处理方式容易使用，但它不适宜于长远的政策研究。第二，最终效果原则。生态资源的各个类型之间是相互影响、相互作用的，一旦某一种生态资源遭到破坏，通常对其他的生态资源产生连带作用，如主要的生态资源大气、森林、农田、草原、水域等之间都是相互影响的。这样在计算生态破坏损失的时候，不仅要考虑该生态资源自身破坏造成的损失，还需要考虑它对其他生态资源的影响以及它们之间的相互影响。它们的总和才是该生态资源破坏的损失总量。第三，“累积破坏量”原则。生态资源是可更新资源。如果生态资源的耗用在其可再生能力之内，那么这一资源的功能与价值会一直存在并发挥作用。这样，在计算生态资源破坏的经济损失时，不能仅考虑生态资源破坏量在当年的影响，还需要考虑该增量在得到恢复之前的整个时段的影响。也就是说，在计算某一年的生态资源破坏的经济损失时，不仅要考虑计算年的生态破坏增量，而且要考虑计算年以前的至今尚未恢复的各年度增量，实质是计算年破坏量增量与计算年以前被破坏至今的各年度增量之和。由此，累积破坏量可用公式表示为：

$$\Delta S_n = \sum_{i=1}^{n} \Delta S_i \quad (\Delta S_i = S_{i-1} - S_i)$$

式中，S 为资源存量，ΔS_n 为累积破坏量，ΔS_i 为年度资源破坏增

① 参见徐嵩龄主编：《中国环境破坏的经济损失计量：案例与理论研究》，中国环境科学出版社 1998 年版，第 137 ~ 152 页。

量。下标 n 表示计算年，i 与 i－1 表示第 i 年与第 i－1 年。

（3）变量选择。环境状态变量共包含三种，即以环境质量形式表现的变量、域内的污染物排放量和域边界的污染物流出与流入量。环境状态变量将决定域内环境破坏引起的实物型损失。域内污染源排放量和域边界的污染物流出与流入量将决定环境损失制造者与承受者的经济责任、权利和份额。实物型损失的变量也可以分为三种，即急性实物型损失、慢性实物型损失和尚未完全确认的实物型损失。前两类大致是具有可视性或可测性的显性损失，后者是具有较低或很低可视性或可测性的隐性损失。一般来说，显性损失是必须计量的。隐性损失是否纳入计量则取决于对它认识的程度——如果确诊程度较低，可弃而不计；如果确认程度较高，可作科学估算。

在度量生态破坏状况时，有两种变量需要选择：一类是生态资源的本体型变量，如森林的生物量、生长量等；另一类是生态资源的空间型变量，如林地面积、覆盖率等。一般来说，这两类变量之间存在着换算关系。计算时具体取哪种变量需视具体情况而定。例如，计算森林、草原、耕地之类的生态破坏损失时，可用空间型变量计算，通常用面积减少量来度量。

（4）度量方法。①实物损失的计量。对于环境破坏状况，就污染而言可以用反映环境中的污染物浓度来表示，就生态而言可以用生态资源的累积破坏量来表示。这样，计算由环境破坏导致的实物型损失，关键是要建立环境破坏状况（污染物浓度、生态资源破坏量）与各种实物型损失之间的函数关系。环境破坏的影响可分为三种形式：一是扇式影响，即一种环境破坏可以产生多方面的影响；二是链式影响，即一项环境破坏可以沿因果链传递下去；三是网式影响，即以上两种形式的综合。分清环境破坏的影响形式，有利于函数关系的表达。大体而言，扇式影响表现为叠加型关系，链式影响表现为关联型

关系。环境破坏状况与各种实物型损失之间的函数关系可以形式化地表示为：①

$$F_{ij}=f(D_i, S_i, T_j, P_{ij})$$

上式可以称为实物型损失函数。式中，F_{ij}表示第 i 类环境破坏所造成的第 j 类实物的损失；D_i 表示第 i 类环境破坏状态的量值；S_i 表示第 i 类环境标准；T_j 为第 j 类实物状态存量；P_{ij}为第 i 类环境破坏造成第 j 类实物的损失计量参数。

D_i，S_i，T_j 是已知量，参数 P_{ij}是未知量，它的量值择定是构造实物型损失函数的核心内容。P_{ij}的量值主要取决于三个方面的因素：第一，各环境破坏状态量的可分离性。如大气污染增加了人类呼吸道疾病的发病率与死亡率，水污染增加了人类消化道疾病的发病率和死亡率。这样，从对人体的健康影响看，大气污染与水污染造成的损失是可分离的。第二，上述被分离出来的变量的可测性。显然，可测性越强，P_{ij}就越好确定。第三，由测量数据经过特殊处理所构造的实物型损失函数的类型。显然，若以线性函数、指数函数、幂函数等来表达实物型损失，其各自的 P_{ij}的意义和量值是不一样的。

②实物型损失的货币化计量。不同实物型损失的经济学含义也是不同的。就“经济损失”而言，有伤害型损失、抵御型损失；就“价值”而言，有与现实利益相联系的直接价值和间接价值，有与代际利益相联系的选择价值；就“价格”而言，有直接由市场决定的价格，有经过不同的市场内部化途径产生的价格。这些经济学意义上的差异，影响着不同经济损失的货币化量值以及相互之间的可加性。

实物型损失的货币化主要表现在两方面：一是一项实物型损失可以

① 徐嵩龄主编：《中国环境破坏的经济损失计量：案例与理论研究》，中国环境科学出版社 1998 年版，第 188 页。

涉及多项价值损失。如森林破坏，它会造成木材、其他林产品、土壤侵蚀、水土流失等多项损失，甚至还会造成景观和生物样性损失等。二是一种环境污染既会造成对人体健康和经济活动的损失，又会造成对自然生态系统的破坏。这些实物型损失的价值类型不同，可能分属于直接价值、间接价值、选择价值和存在价值的一种或多种。因而它们的货币化途径也不尽相同。

在通常情况下，实物型损失的货币化可以表示为：①

$$M_{jk} = g(F_j, Q_{jk})$$

该式可称为货币化函数，表现了同一实物型损失的多价值特征。式中，M_{jk}表示第 j 类实物损失所体现的 k 类价值；F_j 为第 j 类实物损失，Q_{jk}为第 j 类实物的 k 类价值的价格。在具体计量时，需注意以下几个方面：

第一，要合理确定价格 Q_{jk}。在环境经济学和资源经济学中，直接价值损失大体可以利用市场价格来计算；间接价值可以用影子价格来计算，但要注意尽量摆脱主观意愿对价格的影响。

第二，要注意时变处理。环境损失的计算模式是随时间的发展而变化的，主要有两个原因：一是随着人类活动方式的改变以及人类对环境认识能力的增长，“环境破坏”这一概念所涵盖的内容会不断扩大。环境损失的计量指标也会做相应变动。二是随着社会进步，人类对环境质量的要求以及对环境资产的价值判断会越来越高，因此对环境损失变量也须做相应的调整，如变量选择、环境质量标准以及相应的变量价值和价格的确定等。

① 郑玉歆主编：《环境影响的经济分析：理论、方法与实践》，社会科学文献出版社 2003 年版，第 92 页。

（五）寻租性社会成本的度量

1. 寻租理论的产生与发展

寻租有广义和狭义之分。广义而言，寻租就是人类社会中非生产性的追求经济利益的活动，或者说是为维护既得经济利益或对既得利益进行再分配的非生产性活动。狭义的寻租，是指现代社会中最常见的非生产性追求利益的行为，是利用行政法律手段，阻碍生产要素在不同经济主体间自由流动和竞争，以维护或获取既得利益的行为。[①] 寻租理论也是以经济学的基本假设——“经济人”假设为基本前提，以“自利”为出发点来解释人类的行为。它认为，人是理性的自利主义者。任何人的行为动机都是自利的，时刻关心着自己的利益，并且总是理性利用可能的机会来最大化个人利益。政府是由人组成的，同样也是“经济人”。同经济市场一样，政治市场也是由供求双方组成的——需求方是选民（或者说纳税人），供给方是政府。只是二者的运行特点有所不同，如可选择对象的特性、强制性程度、社会参与程度等。

1967 年，戈登·塔洛克（Gordon Tullock）在《关于税、垄断和偷窃的福利成本》中第一次系统讨论了寻租行为。真正第一个用“寻租”一词来描述寻租活动的，却是安妮·克鲁格（Krueger Anne）。她 1974 年在《美国经济评论》上发表了题为《寻租社会的政治经济学》,[②] 使“寻租”一词及其理论不胫而走。她认为，人们争相从政府那里争取进口垄断权进而获得租金，这种竞争活动对社会是一种损失，必须纳入分析。她建立了一个竞争性寻租模型，用于说明政府对国际贸易施加数量限制会导致租金的产生。后来巴格瓦蒂（J. Bahagwati）又对其观点进行

① 乔林碧等编著:《政府经济学》，中国国际广播出版社 2002 年版，第 139 ~ 140 页。

② ［美］戈登·塔洛克:《寻租——对寻租活动的经济学分析》，西南财经大学出版社 2000 年版，第 23 页。

了发展，于1982年提出了“直接非生产性寻利活动”（Directly Unproductive Profit－Seeking Activities，DUP），不仅包括在政府干预条件下的寻租活动，而且还包括寻求政府干预的活动。[①] 自此，寻租理论便广泛渗透到经济学、社会学、政治学、行政学等许多学科，并产生了深远的影响。在经济学、社会学中，寻租活动主要以其非生产性而导致的社会总福利损失而区别于市场充分竞争条件下的生产性的、增加社会总福利的寻利活动。在政治学、行政学中，寻租主要用于分析政府行为中的腐败现象。寻租为腐败现象提供了“温床”，研究寻租对遏制腐败有一定的作用。

2. 政府与寻租

“寻租”是“寻求租金”的简称。根据市场均衡理论，在市场完全竞争条件下，要素在各产业间充分自由流动，租金不可能长期稳定存在。但现实中由于信息不对称、垄断等原因使得市场不可能完全竞争，这意味着要素不可能充分自由流动，因此租金的存在便成为一种必然。它广泛存在于要素市场、资本市场和政治市场的交易行为中。只要有租金，就会有寻租行为的存在。布坎南指出，只要资源的所有者想多赢利，那些人就可能要去寻求租金，寻求租金无非是寻求利润的另一种说法。[②] 他认为，在有秩序的市场结构中，人们力图最大化自己的报酬，力求有利于提高社会福利的帕累托改进。而当有秩序的市场交换被直接的政治性分配所取代，制度结构就发生了变化，寻租便会不可避免地产生。这里的制度结构变化主要表现在政府为市场进入和市场竞争制定了特定的制度或政策。此时，企业家必然会从完全市场竞争下的“寻利”转向对政府的寻租，以获取额外的收益。布坎南提出了两个著名的观

① 乔林碧等编著：《政府经济学》，中国国际广播出版社2002年版，第148页。

② 同上，第140页。

点：一是寻租基本上是通过政治活动进行的，二是限制寻租就要限制政府。可以看出，布坎南认为政府干预是寻租产生的直接动因。政府对市场干预的必然性决定了寻租行为的不可避免性。

3. 寻租的种类

从不同角度可对寻租进行不同的分类。如法律角度，可分为合法寻租和非法寻租。通过政府招标获取对某产品的供给垄断权属于合法寻租，行贿受贿就属于非法寻租。布坎南从寻租主体的不同将寻租划分为三种类型：

一是垄断权潜在获得者的寻租。寻租的目的是为了获得"执照型或配额类产品"垄断权。这是最基本的寻租类型。通常发生在政府管制、特许权、关税和进口配额以及政府采购等场合。获得这类垄断权所产生的收益就是寻租的空间，它诱使寻租者作出种种"努力"来争取这种权力。而这种非生产性的"努力"（包括时间成本、货币性支出甚至还是高额的贿赂等）纯粹是一种社会浪费。

二是政府官员为获得潜在垄断权的寻租。寻租的目的是为了获得分配"执照型或配额类产品"等垄断权的职位或权力，获得这种职位或权力后可能因受贿等而增加额外收入。

三是垄断权本身或政府所引发的第三方资源的配置扭曲。[①] 就是指在垄断权（或拍卖权）的竞争过程中，有众多投标者（或官员）来参加竞标（或竞选拍卖职位），而最终中标者只有一个或其中几个，有一大部分"落选"。这些落选者曾经为获得垄断权（或拍卖权）也付出了一定的、甚至是比中标者还要大的代价。这部分代价无异于"打了水漂"，是纯粹的社会浪费。

① ［美］丹尼斯·C. 缪勒：《公共选择理论》，中国社会科学出版社 1999 年版，第 283 页。

4. 寻租性社会成本的测度

从上述分析可以看出，寻租性社会成本的构成主要包括两方面：

第一，寻租行为本身造成的社会资源浪费。主要由三部分构成：垄断权潜在获得者为获得垄断权所付出的代价、政府官员为获得垄断权授予职位而付出的代价和为获得垄断权而付出努力但最终没有如愿的第三方即寻租失败者所付出的代价。

第二，寻租成功即获得垄断权后所造成的直接社会福利损失以及相关人员护租或者继续“竞租”所造成的社会资源的损失。前者可用著名的“哈伯格三角形”（Harberger triangle）来表示；后者是寻租理论研究的先驱之一塔洛克发明的，可用“塔洛克四边形”（Tullock rectangle）来表示。具体如图 3 -5 所示。

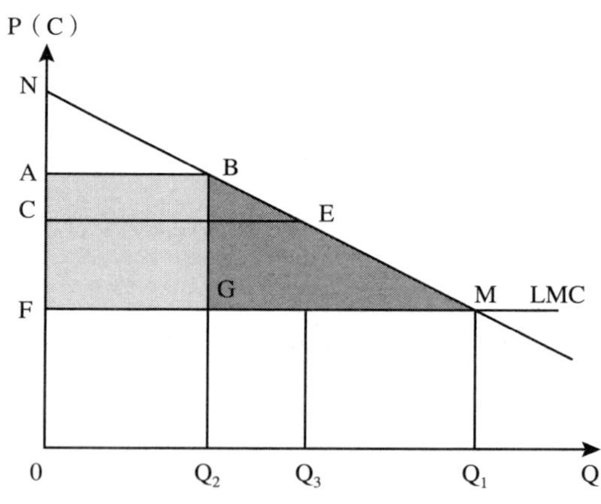

图 3 -5　寻租成功后所引起的福利损失模型

图中，Q 表示产量，P 表示价格或成本，LMC 表示厂商的长期边际成本。当不存在寻租行为即不存在垄断现象时，市场在 M 点达到均衡，此时的消费者剩余为三角形 NMF。当寻租成功即垄断出现后，价格由 OF 上升到 OA，此时市场在 B 点达到均衡，消费者剩余为三角形 NAB。

由此可见，寻租成功即垄断会使消费者剩余减少，大小为梯形 ABMF 的面积。哈伯格认为，在减少的消费者剩余中，四边形 ABGF 是消费者向垄断厂商的转移，即垄断厂商所获得的超额收益。社会福利净损失为三角形 BGM。这即著名的“哈伯格三角形”。塔洛克与哈伯格的观点有些差异。他认为，当垄断形成后，其他厂商受如此丰厚利润的吸引，就会把大量资源用于获得垄断权的活动即继续“竞租”，而既存的垄断者又会投入大量的稀缺资源来保护垄断，两者都要付出巨大的成本。因此寻租继而垄断所造成的社会福利净损失远不止哈伯格所述的三角形 BGM，它还包括四边形 ABGF 的部分或全部甚至是更大的面积。这即是著名的“塔洛克四边形”。这说明了寻租成功者并不会因为获得垄断地位而长期获得超额收益，寻租所造成的社会福利净损失远大于三角形 BGM 的面积，可能是梯形 ABMF 的一部分、全部甚至更大，一般可近似用梯形 ABMF 来表示。

其实除厂商之外，消费者也会投入资源来说服政府或直接同垄断者交涉以取消垄断至少是迫使降低价格等，此时的垄断者也会投入资源来尽力维护既定的垄断状态，这时双方都投入了大量的浪费性资源。假设双方通过谈判或政府调节达成妥协，垄断者将垄断价格降低但并不取消垄断——事实上也不可能取消，即价格由 OA 降到 OC（C 点位于线段 AF 的中点以上，意味着垄断势力仍占强势）。此时市场在 E 点达到均衡。初看起来，消费者的努力取得了成效，消费者剩余相对于以前有所增加，如图中 ABEC 所示。但事实并非如此。消费者在“努力”的过程中也付出了很大的代价，其大小或许比 ABEC 还要大。因此可以说，消费者的实际福利并没有因其“努力”而必然得到改善。

综上所述，寻租所引发的社会成本可以通过对上述各寻租行为损失的构成要素——即寻租行为本身所引起的三种代价以及寻租成功后的损失量（近似于梯形 ABMF 的面积）分别进行度量然后加总就可以得出。

由于理论和实际两方面原因，对这些要素进行度量是一个看似简单而实际上非常复杂甚至是不可能的事情。有学者为此付出了不少努力，如克鲁格、波斯纳、拉邦德（Laband，D. W.）以及塔洛克等人都做了尝试，但结果总是不尽如人意。正如塔洛克所言，“目前还没有比较好的计算寻租成本的方法。”① 因此本书也只能做些定性分析，在后面具体度量政府成本的时候暂不纳入计算范围。但难计算不等于说不重要。定性分析寻租成本有着重大的现实意义，一方面可引起政府对其决策所引发的社会成本予以重视，另一方面还可使政府在决策过程中根据寻租的性质和特点而采取相应措施对寻租性社会成本进行有效遏制。

第五节　城市政府成本指数的测算

一、城市政府成本的指标框架

本书在计量政府成本时，是将政府视作一个“经济人”，按照政府是否从其支出中获取“回报”为标准，将政府成本分为政府消费成本、投资成本和决策成本，其中决策成本又包括机会成本和社会成本，社会成本又可以进一步细分为灾害事故性、生态环境性和寻租性社会成本三种，以上每种成本可根据相应的指标进行计量，进而得出政府总成本。具体结构如图 3 - 6 所示。

---

① ［美］戈登·塔洛克：《寻租—对寻租活动的经济学分析》，西南财经大学出版社 2000 年版，第 96 页。

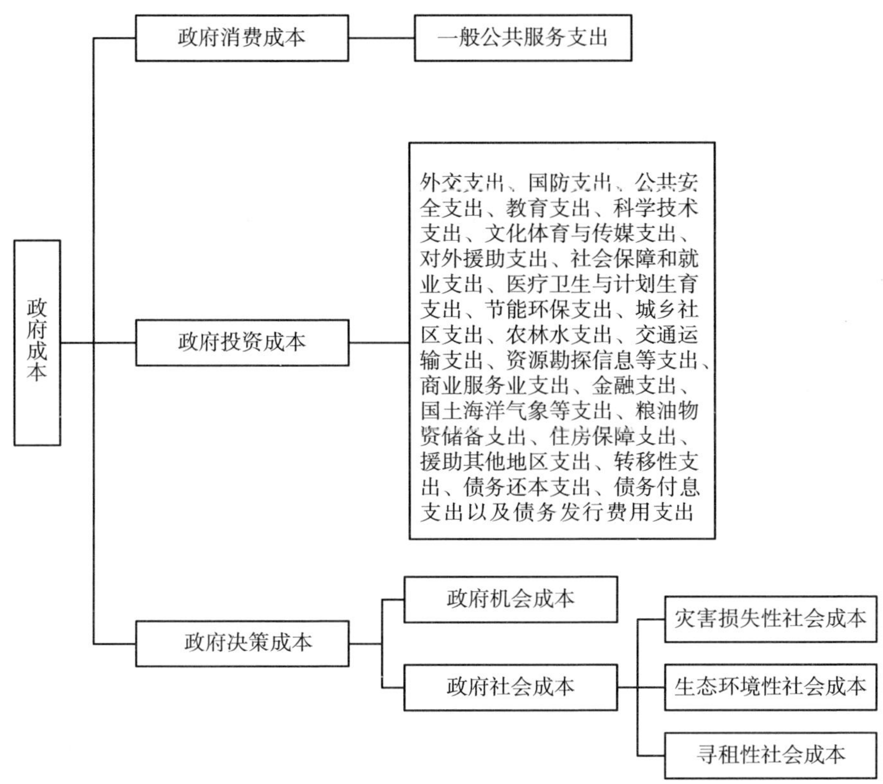

图3-6　政府成本计量的指标框架

二、城市政府成本指数的测算

（一）政府成本的计量

根据上述框架对政府成本各分指标进行度量以后，便可以对它们直接加总求出政府总成本（简称“政府成本”）。分别以 C_C、C_I、C_D 来代表政府消费成本、政府投资成本和政府决策成本。为表达方便，在模型中分别以 C_1、C_2、C_3 来代表。将这三种成本相加就可以得出政府总成本，用 C_G 表示。即：

$$C_G = \sum_{i=1}^{n} C_i \ (n=3; \ i=1, 2, 3)$$

（二）政府成本指数的测算

按上述方法计算出的政府成本已经对政府行为所引发的成本有了精确的衡量。为了后文计算政府效率的方便，还需对政府成本做指数化处理。

政府三种分成本指标具有直接可加性，可以先求出各分成本指标的指数，然后进行线性加权，就可以得出政府成本指数。不妨将各分成本指标分别与全国平均水平相比得出各自的成本相对指数。令政府消费成本（C_C）、政府投资成本（C_I）、政府决策成本（C_D）的相对指数分别为 I_{CC}、I_{CI}、I_{CD}。为表达方便，分别以 I_1、I_2、I_3 来代表。由于政府的三种分成本都是同质、可加的，它们与总成本都是呈同向变化，因此，可以将各分成本占政府（总）成本的比重作为各自的权数进行加权平均，结果便为政府（总）成本指数。具体计算公式如下：

1. 各分成本指数的权数

$$\omega_i = \frac{C_i}{\sum_{i=1}^{n} C_i} \ (n=3; \ i=1, 2, 3)$$

式中，ω_i 为权数，C_i 为各分成本值。

2. 政府（总）成本指数

$$I_{CG} = \sum_{i=1}^{n} \omega_i I_i \ (n=3; \ i=1, 2, 3)$$

式中，I_{CG} 表示政府（总）成本指数，ω_i 为权数，I_i 为各分成本指数。

第四章

政府成本扩张的原因分析

从国内外实践看，政府成本通常会呈扩张趋势。公共财政学派和公共选择学派对政府成本扩张的原因分别有着自己的见解。公共财政学派利用私人经济活动的分析范式来解释公共经济，主要研究政府的经济活动，以政府收入和政府支出为主要内容，最终也涉及政府收入和支出的政治决策机制。事实上政治决策就是公共选择理论研究的主题。公共选择理论模型的基点是把经济人范式扩大到政治领域，认为个人参与政治活动的目的也是追求个人利益最大化。由此可见，公共财政理论堪称是公共选择理论的源泉。两个学派研究目的相同，只是视角有异。

第一节　公共财政学派的财政支出增长模型

公共财政学派关于政府规模扩张的解释主要有三大流派："瓦格纳定律"、皮考克和威茨曼的"财政支出阶梯型渐进增长理论"和马斯格雷夫的"财政支出增长发展模型"。他们从不同角度解释了政府直接成本增长的原因。

一、瓦格纳定律

阿道夫·瓦格纳（Adolf Wagner）是19世纪德国历史学派的思想家，德国社会政策财政论的代表人物，其理论影响的旺盛时期是19世纪最后1/4的时间里。他认为，随着人均收入的增长，公共部门的相对规模也会增长。这里的相对规模是指政府支出占GDP的比重。瓦格纳的思想当时并没有以定律的形式表达出来，后来西方学者才把这一思想称为“瓦格纳定律”。

瓦格纳是在考察了英国工业革命和当时的美、日、德、法的工业化状况之后做此判断的。他认为财政经济的范围必须随各时期的国家任务、国家活动的范围以及种类而决定。在不同的国家和时代进行比较，进步国家的中央和地方政府呈现出有规律的扩大趋势。不仅新任务在增加，而且在原有任务中其职能也在不断扩大。随着工业化经济的发展，社会进步对国家提出的要求越来越多。主要体现在四个方面：第一，对契约、法律等保护和管理方面的要求越来越多。工业化经济所引起的社会化大生产使分工更加细致也更加复杂，管理日益集中化，相互依赖性不断加强，由此导致私人部门无法解决的摩擦因素不断增加，从而增加了对法律和契约的需求。这要求政府制定相关法律和制度来满足这些需要。第二，工业化推动了城市化进程，导致城市人口拥挤等外部性问题，需要政府参与解决。第三，教育、卫生、文化和福利服务等具有较高的需求收入弹性，在经济和收入增长的同时，这些服务的支出会以更高的速度增长。第四，市场机制不可能完成对整个社会资源的最优配置，对那些具有极大外部效应的行业，由于规模和技术要求等方面的原因，私人企业不愿或不能提供，这要求政府接管进行直接的生产经营。

二、阶梯型渐进增长理论

英国经济学家皮考克（Peacock）和威茨曼（Wisemen）根据他们对英国公共部门1850年~1955年间成长情况的研究，于1961年提出了“阶梯型渐进增长理论”，对瓦格纳定律进行了补充。他们把公共支出增长的原因分为内在因素和外在因素两种，并认为后者是导致公共支出增长的主要原因。他们分析的潜在假设条件是“政府愿意多支出，而公民不愿意多纳税”。他们认为，在正常年份内，经济发展、收入水平上升，以不变税率所征得的税收也会上升，公共支出会随之增长。这是内在因素的结果。但在社会发生了诸如战争之类的外部突变时，政府会被迫提高税率，纳税人为了摆脱战争等困境，税收容忍水平会提高，这时政府的支出水平有可能大幅上升。但在危机过后，公共支出并不会退回到危机以前的水平。因为此时政府解决危机的能力使纳税人增加了对政府的信心，期望政府做更多的事情，解决以前所忽视成本能解决的一些问题，从而会支持政府扩大财政支出规模。因此，纳税人不会要求、政府更不会愿意将税负降到以前的水平，公共支出就会以高于以前正常情况下的增长速度继续增长。

皮氏和威氏之所以称其为“阶梯型渐进增长”，是因为在正常情况下，公共支出只会以瓦格纳定律所说的正常比例增长，但一旦有社会危急现象如发生战争或自然灾害，税负以及公共支出便会急剧增长，一旦增长就不会复回。一次危急过后，公共支出会在一个高于危机前的起点上以以前的方式（也有可能增速更快）继续增长。这便出现了一个“阶梯”。同理，当再发生一次社会危急时，税负及公共支出继续上涨，危机过后也并不恢复到以前的水平，于是又出现了一个“阶梯”。依此类推，公共支出便会呈现出一个“阶梯型”渐进增长路径，如图4－1

所示。

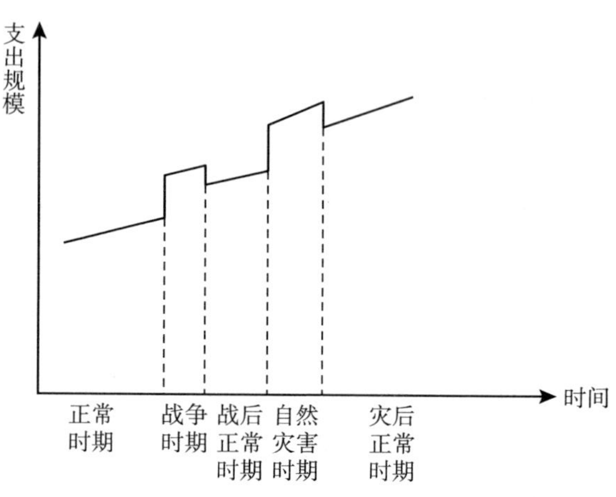

图4－1　公共支出"阶梯型"渐进增长模型

三、财政支出增长发展模型

美国著名财政学专家马斯格雷夫（R. A. Musgrave）和罗斯托（W. W. Rostow）在对不同国家、不同发展阶段的支出状况进行大量比较研究之后，从财政支出构成变化的角度对财政支出增长提出了独特见解。他们认为，在一国经济从较低人均收入向较高人均收入水平的发展过程中，财政支出规模几乎总会扩大。在经济发展的早期阶段，公共部门必须为生产性投资提供私人部门不愿或不能提供而经济建设又必需的一些社会基础设施，如道路、交通、卫生、教育、通信等，公共投资支出比率较高。到了经济发展的中期阶段，经济发展所需的一些必需基础设施已由政府在早期阶段基本建成。私人部门业已兴旺，对这方面的需求会有所降低。政府在投资方面只需要对私人投资做必要的补充，更多地将资源投向市场失灵领域。在经济发展的早期和中期阶段，社会总投资占GDP的比重是上升的，但其中政府投资占GDP的比重会趋于下降。当经济进入成熟阶段后，人均收入会进一步增长，人们对生活质量提出了更高的要求，私人消费形式发生变化，需要政府提供更多的资源用于满足更高层次的需要，如保健、安全、福利、娱乐等，政府必须加强对这些方面的投资，从而使公共支出出现一个较高的增长率。罗氏认为，这方面的支出还会超过其他方面支出的增长，也会快于 GDP 的增长速度。

第二节　公共选择学派的政府扩张模型

公共选择理论的思想始自 19 世纪，最早可追溯到 18 世纪法国的数学家、经济学家和哲学家孔多奎（M. De Condorcet），他最早提出了公共选择过程中的"投票悖论"和"投票循环"，为公共选择理论的发展奠定了基础。公共选择学派认为，国家具有非中立性质，它并非抽象的实体，而是由作为统治者的官僚群体组成，有自己的特殊利益。从人类理性的角度看，政治家和官员们也拥有人类共同的弱点，绝大多数官僚都会不断地寻求提高自己的官阶、权力、薪俸和特权，即便他们的动机是公共利益。因此没有必要把政府的行为理想化，实际上越是官僚主义盛行的部门，"寻租"就越容易，为了不劳而获或者少劳而多获的目的，人们越发会努力地"挤进"该部门。这一切不可避免地导致政府管理领域的扩大、机构和人员的膨胀以及成本的提高。

一、公共产品供给说

公共产品是由一组公共部门提供的，对公共产品的需求以及公共部门生产活动中一些投入条件的变化都会对公共支出产生重要的影响。其关系可表示为：

$$G_k = G_k(X_k, N)$$

$$X_k = X_k(L_k, M_k)$$

式中，G_k 为第 k 种公共服务的最终产出，X_k 为用于生产 G_k 的各种中间活动，L_k 为在 G_k 生产中使用的劳动投入，M_k 为用于生产 G_k 的各种材料，N 为人口规模。

由此可见，影响公共支出增长的主要因素有：（1）对公共部门产出最终需求的增加；（2）用于生产公共部门产出的生产活动组合以及在此过程中所使用的投入组合的条件变化；（3）公共部门产出的质量提高；（4）各种投入价格的变化。具体分析如下。

（一）中间投票人收入对公共产品供给水平的影响

在代议民主制及多数投票规则下，该模型①假设：（1）政治家的目的是选票最大化，选民的目的是个人效用最大化；（2）个人是自己福利的最好判断者；（3）选民在充分了解各种备选政策信息即对政府开支成本和效益的前提下对公共政策投票；（4）存在为政治制度服务和"生产"公共部门物品和服务的官员机构，他们是政治中性的，不参与公共产出决策，且公共部门追求成本最小化和非营利；（5）政治家能从政治地位中获得收益（包括当选的欲望、个人地位以及物质奖赏）。其效用函数可表示为：

$$U^p = U^p(S, G, P)$$

式中，U^p 为政治家 p 的效用函数，S 为政治家担任公职所获得的私人收益或利益，G 为公共部门供给的物品或服务的质量，P 为私人部门

① 参见方福前：《公共选择理论——政治的经济学》，中国人民大学出版社 2000 年版，第 177～181 页。

的质量。（6）每个家庭都有一种对私人产品和公共产品的偏好，并且在自己的预算之内努力追求效用函数最大化；（7）公共部门预算平衡。

由此，就可以建立决定公共产品供给的微观经济模型。从需求角度看，假定中位数的选民使其效用最大化，则有：

$$\max U^i(G, P) = F^i(P, G)$$

$$\rho P + tB_i \leqslant Y_i$$

式中，i 为中间投票人；G，P 分别是公共产品和私人产品向量；ρ 为私人部门物品相对价格向量；Y_i 为中间投票人收入；t 为税率；B_i 为中间投票人的税基；T_i 为中间投票人缴纳的税额，即 $T_i = tB_i$。

为简化起见，假设只有一种税，并且对所有个人来说只有一种税率，则有：

$$t = \frac{eG}{\sum B_i}$$

其中，e 是公共产品中单位成本的向量，即 $e = (e_1, \cdots, e_k, \cdots, e_m)$，$e_k$ 为生产 k 公共物品的单位成本。

中间投票人是公共产品的受益者和税务承担者，他们通过政治过程形成（如投票箱、游说或组成利益集团）对 t 和 G 的各种需求以达到自己的效用最大化。追求选票最大化的政治家为尽量适应选民的需求，在公共部门预算约束下移动 t 和 G 使之更接近于中间投票人所需要的水平。

通过以上政治过程，中间投票人对公共产品的需求函数可表示如下：

$$D_G^i = D_G^i(\rho, B_i, Y_i, t, \sum B_i)$$

该式是中间投票人对公共产品的总需求函数。对单个产品来说，可以假定其他条件都不变（包括其他公共产品的价格），而从个人效用函数中推知其需求水平。

图4-2显示了中间投票人对第k种公共产品G_k的需求函数D_0^i。在这里，第k种公共产品的价格t_k可以看成是中间投票人承担的该公共产品的单位成本的份额。所有其他产品的价格（包括公共产品）用向量ρ表示。

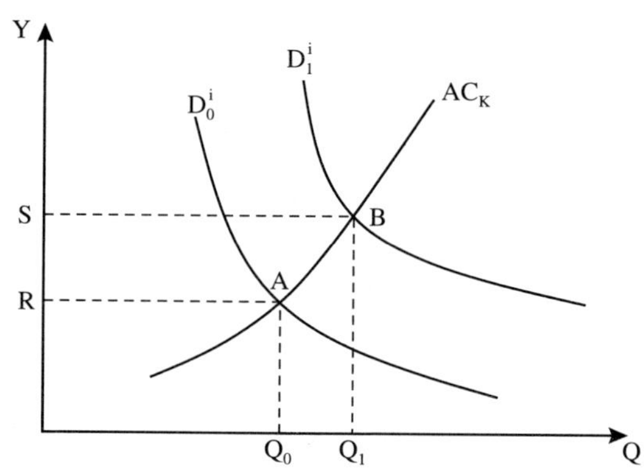

图4-2　中间投票人收入对公共支出的影响

图4-2中，自左下方向右上方倾斜的曲线是供给不同水平的G_k的平均成本函数。G_k的均衡水平为OQ_0。这意味着中间投票人愿意为OQ_0缴纳的税负恰好等于政府愿意提供OQ_0数量的这种产品的单位成本。

图中曲线的移动反映了公共支出的变动过程。假定中间投票人的实际收入增加，需求曲线向右上方移动，由D_0^i移动到D_1^i，而G_k的均衡产出水平由Q_0提高到Q_1。假设其他条件不变，则供给G_k水平的公共产品总成本将从OQ_0AR提高到OQ_1BS。该图表明：

（1）在其他条件不变的情况下，如果中间投票人的税基B_i下降，那么对公共产品的需求增加，从而需求曲线上移；

（2）在其他条件不变的情况下，如果中间投票人的收入Y_i提高，需求曲线上移；

（3）在其他条件不变的情况下，如果总税基$\sum B_i$提高，那么数量增加；

（4）另一种相关商品的价格变化对公共产品的需求量产生影响，其变化方向取决于这两种商品是互补还是替代关系。

通常认为公共产品有较高的需求收入弹性，有较低的需求价格弹性。但从上图中并不能由公共产品的需求收入弹性准确推算出公共产品的需求值。这是因为当中间投票人收入增加时，有可能劳动力成本也会上升，这样会使得公共产品的平均成本也随之上升，从而会对由收入增加而导致的公共产品的需求增加产生一部分甚至是全部的抵消效应。故不能直接从公共产品的需求收入弹性推出其总需求弹性。但如果该公共产品的需求收入弹性大于1，即富有弹性，那么收入的增加就一定会导致对公共产品的需求增加。

（二）“环境”的变化

这里的“环境”是指用来生产一定水平的产出所需资源的社会、经济及地理等因素的组合。以政府提供的治安服务为例。在任何时候，中间投票人对治安都有某种水平的需求。假定所提供的服务恰好是一种均衡水平。用来生产该水平治安的警察服务将受到该地区的“钱财”数量、“拒捕”可能性以及这个地区一般的社会和地理景象所限定的特殊环境等因素的影响。如果有因素发生变化，那么当前使用的警察活动组合也因不适合这种“环境”而发生变化。譬如如果该地的“钱财”数量增加，将会吸引更多的罪犯，这意味着为了维持以前的治安水平，需要征调更多的警察。具体如图4－3所示。

图中，最初的均衡是OH_0，这时的服务环境h_0所决定的成本函数为AC_0。如果服务环境由h_0恶化到h_1，那么提供这种水平的治安所需

成本由 AC_0 上升到 AC_1。治安水平则下降到 OH_1，此时只有增加对治安的支出（如增加治安者收入），使需求曲线由 D_0^i 上升到 D_1^i，才能维持最初的治安水平。其实在此过程中，治安水平没有变化，只是由于多征调警察等原因而使治安成本即公共支出由 OH_0PM 增加到 OH_0RN。由此可见，服务环境的恶化会导致公共支出的增加。

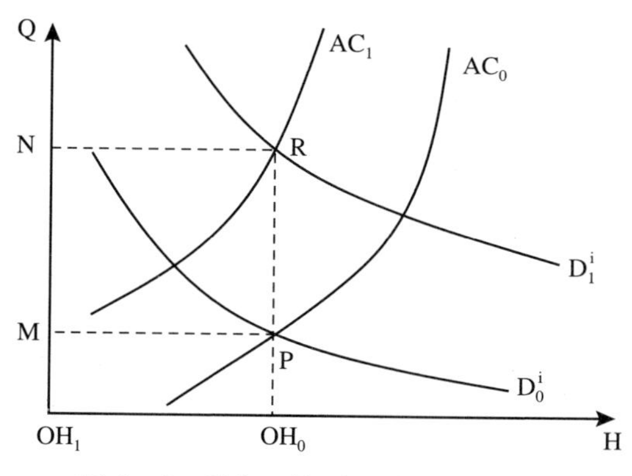

图 4-3 服务环境对公共支出的影响

（三）公共部门提供的物品的质量

如果中间投票人需要具有更高质量的产品，也会引起公共支出的变化。需求的增加有两种含义：一是在相同价格水平上购买更多产品的意愿增加。这是经常遇到的一种情况。二是在数量不变的情况下对产品的质量提出了更高的要求，这意味着愿意对同等数量的产品支付更高的价格。这会刺激供给者提供更多更贵的新产品。

（四）公共部门投入价格的相对增长

鲍莫尔（W. J. Baumol，1967）认为，生产力的进步主要来自技术变化，而且典型的是由资本设备体现，所以像政府这样的服务部门并没有多大潜力来推动生产力的进步。这种论点也不无道理，虽然第三次科技革命特别是微电子技术的迅猛发展，使得政府部门所提供的公共物品的资本和技术密集程度大大提高，缩小了政府部门与私人部门生产力之间的差距，但政府部门生产力仍明显滞后于私人部门。由于政府提供的物品（教育、警察保护等）大多数具有服务性质，在生产力没有提高的前提下，这些“服务性”物品的价格会相对增长，从而导致公共部门的投入增加。布坎南（1977）也认为，政府部门的生产力滞后可以更多地表明为什么政府增长是一个“问题”。这些解释已经得到了实践的证实。20世纪80年代在美国、瑞士、瑞典以及奥地利，显著的“鲍莫尔效应”已经显现。利贝克（1986）在对12个经合组织国家的横截面时间序列分析中，都发现了对鲍莫尔效应的支持。但需要说明的是，鲍莫尔效应最适合解释政府预算中的购买性支出部分，对于转移性支出并不具有解释力。

除上述内容之外，人口的增加也会导致公共产品的供给增加，其原理在第三章论述政府投资成本的影响因素时已经详析，兹不赘述。

二、收入再分配说

该学派认为政府支出增长是由低收入个人利用他们的政治权力使收入再分配政策倾向他们自己的结果。随着西方国家民主化进程的推进，国民选举权日益强大，在多数票规则下，政府为了在选举中获胜，往往许诺扩大向收入处于中位数投票者及以下选民实行收入再分配，以缩小贫富差距。这种做法是以牺牲收入在中位数投票者以上的选民利益为代价的，但只要社会平均收入超过中位数投票者收入，这种多数投票的机制就会刺激政府扩大再分配范围，从而导致政府支出增长。

梅尔策和理查德（1978，1981，1983）对此做了详细分析。他们假设政府的全部活动在于再分配。政府依靠对纳税人特别是高收入者征税（设税率为 t），向低收入者提供转移支付（设单位资本转让额为 r）。如果以 $\bar{y}$ 表示单位资本收入的平均值，那么一个平衡的政府预算就意味着：①

$$r = t\bar{y}$$

某个人的效用取决于他的消费 c 和闲暇 l。令 n 为单位时间内的工作时间，于是有：

$$l = 1 - n \qquad \text{（设该人的全部可利用时间为 1）}$$

$$c = (1 - t)y + r \qquad \text{（y 表示个人收入）}$$

又假设收入取决于某种能力或生产力因素 x，这一因素在人口中随机分布。在 n 既定的情况下，个人收入 y 与 x 成正比，即：

$$y = nx$$

在 t 和 r 既定的条件下，某个人的唯一选择是工作的时间长度 n。则该人追求的效用为：

$$\text{Max}(U_c, U_l) = U_c[(1 - t)y + r] + U_l(1 - n)$$

对 n 求一阶导数，得其效用最大化条件为：

$$U'_c[(1 - t)x] = U'_l$$

$$\frac{U'_l}{U'_c} = (1 - t)x$$

可见，个人在效用最大化时，其闲暇和消费之间的边际替代率等于个人时间的净税收边际产品。由此可得到一个人的最佳工作小时数。在斯通—吉尔里（Stone - Geary）效用函数条件下，即：

$U = \ln(c + \gamma) + \alpha\ln(1 + \lambda)$，可得到最优 n：

---

① 参见［美］丹尼斯·C. 缪勒：《公共选择理论》，中国社会科学出版社 1999 年版，第 396 ~ 398 页。

$$n=\frac{(1-t)(1+\lambda)x-\alpha(r+\gamma)}{(1+t)(1+\alpha)x}\ (n\geqslant 0) \qquad (4-1)$$

要满足 $n\geqslant 0$，分子、分母必须同号。式中分母肯定为正，这要求分子必须为非负。由式 4－1 可以看出，当 x 足够小时分子可能为负。为保证 $n\geqslant 0$，对 x 求临界点：

$$x_0=\frac{\alpha+(r+\gamma)}{(1-t)(1+\lambda)} \qquad (4-2)$$

从个人角度看，r 和 t 是外生变量，但对政治体制而言，它们是内生的。式 4－2 说明了个人效用完全取决于 r 和 t。在决定 r 和 t 时，理性的选民就会根据它们之间的关系（式 4－2 所示）来作出选择。很明显，税率 t 与人均收入 $\bar{y}$ 呈反方向变化，因为较高的税收对努力有负的激励效应，收入平均值随税率的上升而下降。对式 4－2 来说，r 会随着 t 的增大而以递减的趋势增加，在某一点达到最大值后再趋于下降。具体如图 4－4 所示：

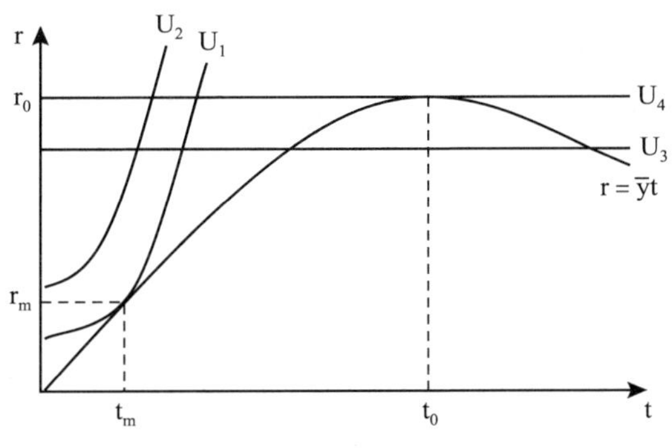

图 4－4 税率（t）的最优选择

没有工作的选民不会因 t 的变化而影响到他们的效用，他们的无差异曲线是水平的，如图中的 U_3、U_4 所示，$U_4>U_3$。而他们面临的可选择机会集就是曲线 $r=\bar{y}t$。根据效用最大化原则，选民会选择能导致最大转移支付总额的税率 t_0。对于 $x > x_0$ 的选民，他们肯定赞成比 t_0 更低的 t。如果全部选民都有相同的效用函数，仅只在他们的能力因素 x 中存在差别，较高 x 的选民有较倾斜的效用函数并赞成更低的 t。本质上，选民面临一个由 t 唯一定义的 r 的一维选择。罗伯茨（1977）证明了中位数选民定理的一种变异形式可以用于建立一个在多数通过规则下的均衡。如果 U_1、U_2($U_2 > U_1$）是中位数选民的无差异曲线，那么 t_m 和 r_m 就是最优的税收组合。

梅尔策和理查德通过对美国和周围世界的观察，认为过去两个世纪政府长期增长的主要原因就是投票权的扩大。这使得收入能力低于中位数选民的一些人也加入到投票行列，中位数选民的平均收入会有所降低，① 相应的无差异曲线就会比 U_1 更加靠右，由此会导致政府的进一步扩张。梅氏和理氏据此把增加的收入不平等和增加的投票权作为政府扩张的基本原因，并为他们的假说提供了某些经验支持。

佩尔兹曼（1980）也提供了政府扩张的一种解释。他认为政府扩张取决于收入再分配的形式。候选者在竞选时向选民许诺将改变收入再分配的方式，以获得更多的支持。选民的初始收入越平等，他们所拥有的“谈判力量”就越强，这样候选者承诺的再分配数量也就越大，从而导致政府规模扩大。但佩氏自己并没有为其论点找到可靠的经验支持。

可以看出，佩氏和上述的梅氏和理氏的说法刚好相反，后者认为政府增长取决于增加收入的不平等。但令梅氏和理氏感到困扰的是较低的新中位数选民的投票权的扩展不能在多数通过规则下得到证明，不过通过假设投票权的变化被某种其他投票规则形式所支配，如宪法修改，就

① 当然扩展的选票权也可能位于原中位数收入之上，但这会遭到原中位数及其以下收入的选民反对。

可以规避这个困难。但宪法的修改却需要甚至比简单多数规则下更多的支持。很多学者参与了有关这方面的讨论，但结论都缺乏足够的证据。还有一个令人争议的问题就是梅氏和理氏假设政府的全部再分配就是从富人流向穷人。这与事实不尽相符。有一些再分配也是流向富人，如弗拉蒂安尼与斯皮内利（1982）在分析意大利的政府扩张时，已经注意到帮助特殊的商业项目也显得日益重要。而且很多的再分配难以用富人或穷人来归类。

佩氏和理氏模型的核心思想就是假设政府扩张的受益者支持政府增长，收入低于中位数的所有选民都赞成增加政府转移支付。尽管由于证据或论证不十分完善，导致各方面的争议很多，但政府的再分配活动作为政府增长的一个重要原因却从直觉上都得到了认可。

三、利益集团诱导说

该学派把政府规模的增长归因于利益集团的存在和行动。奥尔森（Olson，1981）认为，小集团规模、不同人的利益不对称性及制裁作用等会导致利益集团的存在。[①] 塔洛克（1959）以经典的“村民修路”为例，讨论多数通过规则下的利益集团被誉为是对政府规模问题的开创性公共选择分析。他认为多数通过规则下大量利益集团的存在是政府规模扩张的主要原因。他认为在多数票规则下，利益集团联盟必然导致政府开支增加，而不是像一致通过规则那样总可以达到帕累托最优。他假定有一个由100人组成的社区就修筑道路的提议进行投票表决，而要修筑的每一条道路都只有部分人受益。在多数通过规则下，预示着会产生一

① ［美］曼瑟尔·奥尔森：《集体行动的逻辑》，上海三联书店，上海人民出版社1995年版，第18页。

个51个人组成的联盟。其政治后果是，在这个必胜的联盟里，只有那些服务于这51个人的道路才会被修筑，并且只需支付修路总成本的51%。如果不存在利益集团或改为在一致通过规则下投票表决，该提议未必能获得通过——即使能获得通过，政府支出水平有可能也要小一些。塔洛克对此还做了进一步说明，假如允许这51个人向他们的邻居征税，而这些邻居并不得到任何利益，那么这51个人也不会简单地把征税得到的钱作为一种现金转移支付，在最优水平上修筑他们自己的道路，而仍然是通过政府进行次优的大规模修路。

贝克尔（G. S. Becker，1983，1985）后来又发展了一个与此问题相关的“压力集团”影响模型。他的基本假设是“税收、补贴、管制及其他政治工具被用于提高对压力集团具有更多影响的福利”。[①] 他假设了一种单一的效应，即收入在利益集团中进行分配，某些集团得到补贴而其他集团纳税。由于在征税和分配补贴时存在着交易成本，以及在此过程中还存在着来自相反激励的负效应，使得全部利益集团接受的补贴总额要小于纳税总额。他认为，在征税及补贴过程中，每个集团都利用压力来增加补贴或减少纳税。假设利用压力的收益递减，在增加补贴的压力和减少纳税的压力正好相等时，便得到一种均衡。对每个集团而言，利用额外压力的边际成本正好等于来自减少税收或者增加补贴的边际收益。由此得出结论，能够低成本地进行补贴或者课税成本较高的那些集团，能得到更大的收益。虽然贝克尔的整个分析是以税收、补贴、管制的术语来表达，但它可以表明，无论什么时候，只要来自这些活动的集体收益大于这些活动所产生的交易成本，政府就的确提供了公共物品，减少了外部性。贝克尔对此分析的目的有二：一是为了证明利益集团容易导致政府规模增长，二是意在说明与那些寻求纯粹再分配的集团

① ［美］丹尼斯·C. 缪勒：《公共选择理论》，中国社会科学出版社1999年版，第403页。

相比，具有公共物品或外部性的集团往往更容易获得成功，而具有负外部性的那些集团则更可能被征税。

诺思和沃利斯从另一角度把政府规模增长和利益集团的行动联系起来。他们认为，随着专业化水平的提高，市场经济的交易成本会越来越高，而且增长的专业化也造就了大批新的利益集团。这些集团施加给政府的需求不单是简单的再分配，还包括要求减轻这些集团伴随专业化发展而日益增长的交易成本。因而，他们认为利益集团对政府活动的影响既有再分配方面也有效率提高方面。缪勒和默雷尔（1985，1986）以及利贝克（1986）分别对经合组织国家以及瑞典的政府增长进行了静态分析，提出了利益集团影响政府规模的经验证据。奥尔森分析了“二战”以来随西方发达国家经济和政治发展而不断增加的利益集团，这使得政府相对增长。

四、官僚目标说

政府官僚机构自身也是一支独立的力量，能直接扩张政府规模。西方学者将官僚的作用视为以一种理性的方式引导有组织的行为，并按照严格的等级制度从事指定的事务。在西方政体中，政府支出项目由立法机构（如国会、议会）制定，但具体的支出事务是由官僚（bureaucracy[①]）们经办。政府工作计划并不仅仅因为某些利益集团需要它们、立法机关批准它们就存在。工作计划的供应者往往是政府自身的部门，政府不仅可能因为公民、利益集团或立法者要求增加支出而增长，而且可能因为提供政府计划的官僚要求增加支出而增长。卡卢斯切夫曾经说

① 也有人将其译为“官员”。它是指提供政府服务的各个部门，如司、局，是一个被人格化了的政府机构，而不是指某个具体的政府官员。本书将官僚、官员、政府部门作为同一性质的主体。

过："政治家都是一丘之貉。即使在没有河流的地方，他们也许诺建造桥梁。"它们必须被"制造"出来。这便是官僚力量促使政府规模增长的真实写照。

著名的尼斯卡兰模型假定一个官僚的可能目标包括"薪金、职务津贴、公众的声誉、权力、任免权（庇护人的身份）、部门的产出、容易改变事物和管理该部门的自豪感"。[①] 他因此断言，除最后两项之外，其他各项都与预算规模有正向、单调的联系。他认为官僚追求的最终目标就是在其任期内预算最大化。官僚和政治家间的关系被看作一种双边垄断。官僚只是将其"产出""卖给"政治家（资金供给者），而政治家通过预算来"购买"官僚部门的"产出"。在这个过程中，官员必然是愿意以更多的产出来"换取"更多的预算，而由于双方的信息不对称问题，往往难以达到最优。具体分析如下：

政府预算是可认识到的政府部门服务产出的一个函数[②]：

$$B = B(Q) \quad B' > 0,\ B'' < 0$$

此函数可视为一个公共利益函数或效用函数。假设公共利益随着产出的增加而以一个递减的速率在增加。

该部门的成本函数为：

$$C = C(Q),\ C' > 0,\ C'' > 0$$

成本函数是以递增的速率增加，正如竞争型企业的成本函数一样。但该成本函数只有该部门内部人员（或下属单位的人员）知道。这样，资金提供者就存在信息不对称问题，他们能知道的只是政府部门的总产出及总预算，而不知晓其边际成本。这样只要政府部门的总预算不超过总成本，资金提供者就无法知道也无法确定公共部门的边际收益是否等

① William. A. Niskanen, Jr.: Bureaucracy and Representative Government, Chicago: Aldine - Atherton, Inc., 1971, P. 38。

② ［美］丹尼斯·C. 缪勒：《公共选择理论》，中国社会科学出版社 1999 年版，第 310 页。

于边际成本，他们能看见的只是公共部门的总产出和总预算。这就使得官僚部门可以在不超过总成本的范围内自由的最大化其预算。正如唐斯所云，政府部门的关键性特征之一就是其产出的非市场性质。

假设官僚部门无须将货币资金返还给资金供给者，则其目标函数为：

$$O_B = B(Q) + \lambda[B(Q) - C(Q)] \tag{4-3}$$

求一阶导数，得其最大化条件为：

$$B'(Q) = \frac{\lambda}{1+\lambda}C'(Q) \tag{4-4}$$

$$B(Q) = C(Q)$$

由于$\frac{\lambda}{1+\lambda}<1$，由式4－4可知，$B'(Q) < C'(Q)$。而帕累托最优条件也是资金供给者要求的条件，即$B'(Q) = C'(Q)$，这说明官僚部门的实际预算超过了边际收益等于边际成本的点。假若B和C都是二次式，则B′和C′在坐标系中就是直线。如图4－5所示。

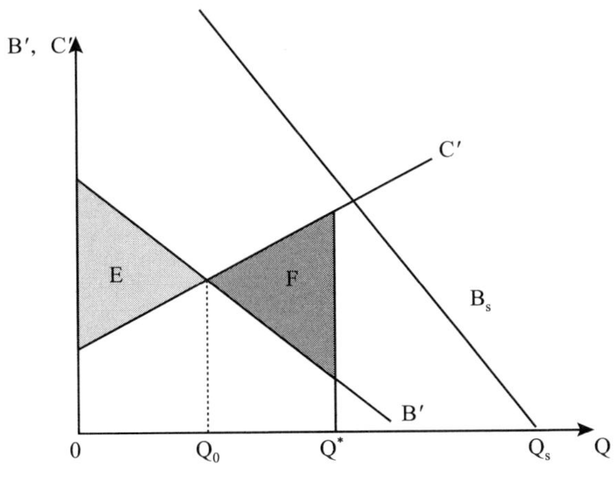

图4－5　官僚部门产出的过度供给

这个官僚部门不会按照帕累托最优条件的要求带来产出Q_0，使资金提供者的收益最大化，而是要求与产出 Q^* 一致的更大预算。在 Q^* 处，三角形 E 等于三角形 F。此时，资金提供者没有得到任何的消费者剩余，但他们感觉不到因而也无法抱怨政府，因为政府的总预算并没有超过总支出——他们能监督到的也只有这些。尼斯卡兰在此基础上还讨论了一种可能性：如果资金供给者的需求曲线太靠近右边或者缺乏弹性，以至于在 F 扩大到和 E 一样大之前，边际收益就已经降到零了，这时总成本对总预算的约束就不再起作用，该部门只需提供资金提供者满意的产出水平即可，即图中的 Q_s 点。讨论这种扩展性的意义其实就是为了说明在这种情况下（需求缺乏弹性或者需求曲线很靠右），官僚部门还等不到把总预算扩张到等于总成本那一点，边际收益就已经为零了，他没有机会去大胆扩张了，而此时的总预算还有剩余，促使他可能会要求去生产其他种类的产品。当某种产品（或者说产出）的边际收益递减得很快或者它对资金提供者来说非常普通以致其需求曲线非常靠右时，这种情况就很容易出现。

尼斯卡兰模型预测政府预算可能会达到帕累托最优条件下预算的两倍以上。但它在解释政府规模及其增长时，存在一些逻辑上的困难，如官员（僚）的某些目标，像工资、职务津贴等都容易受到资金供给者的监督，它们不大可能去“随意”增长。不过非金钱方面的目标还具有一定的解释力，它们往往会更加诱惑政府去扩大预算规模。在多数政府机构之间，工资并没有多大差别，但是在一个迅速增长的政府部门比在一个萎缩的政府部门获得晋升的机会肯定更大。因此，官僚们特别是中层官员们有一种财政激励，鼓励他们所在的政府部门迅速膨胀，为他们晋升更高的职位赢得可能性。

博赫丁（1977）从政府行为的低效率角度部分解释了政府规模的扩张。他认为，取消一项由私人部门进行的活动将使这一活动的单位生产成本翻番。也就是说，当提供同等数量的产出时，政府部门要比私人部门多花一倍的费用。尼斯卡兰（1971）、罗默和罗森塔尔（1978，1979，1982）等的一些官僚模型也对此作出了同样的解释。虽然这些分析都是静态的，但为政府规模的增长也提供了一种很有说服力的间接解释。他们都认为，官僚体制超越立法机构和公民所要求的量而扩张预算的能力，部分取决于歪曲公共物品的真实价格和数量的能力。这种歪曲能力又可能转过来取决于预算本身的规模和复杂性。官僚体制越大，外部人监督其活动就越困难，致力于增加官僚体制规模的内部人就越多。这样，官僚体制的增长就可能取决于它的绝对规模。具体分析如下：

假设 G_t 为公民或立法机构真实要求的公共供应物品的数量。[①] B_t 为预算总规模，在官僚体制可能得到比被要求的更大资源支出的情况下，$B_t > G_t$，即：

$$B_t = a_t G_t, \qquad a_t > 1$$

又假设 $a_t = e^{aB_t}$，并且设公共物品的数量以等于恒定国民收入增长率 n 的一定比例增长：

$G_t = ce^{nt}$，由此，

$$B_t = ce^{aB_t}e^{nt} = ce^{aB_t + nt}$$

这样，预算中政府的增长为：

$$g_t = \ln B_t - \ln B_{t-1} = a(B_t - B_{t-1}) + n$$

可以看出，政府预算的增长率超过国民收入的增长率 n，还随相邻两期预算差额的变化而变化。而预算即 B_t 的增长又使得 a_t 增长，a_t 又进一步促使下一期 B_t 的增长。总之，政府规模有持续扩大的趋势。

布坎南等人则认为，现行的官员政治不仅会导致政府预算规模的不断膨胀，而且必然会造成持久性的财政赤字。因为一方面政治家和官员

① 参见丹尼斯·C. 缪勒：《公共选择理论》，中国社会科学出版社 1999 年版，第 409 ~ 411 页。

在竞选时为了赢得选票总向选民许诺增加就业和福利，当选后会增加政府开支；而另一方面却不敢增税。“当选的政治家乐于将公众的钱花在能给他们的选民带来明显利益的项目上，但却不愿意向这些选民征税。”① 这就必然会导致庞大的政府开支并往往伴随着巨额财政赤字。实际上，赤字、通货膨胀和政府规模的扩大之间是一种相互促进、相互推动的关系。政府规模的扩大易导致赤字和通货膨胀，而赤字和通货膨胀又会造成政府规模扩大的压力。因为赤字和通货膨胀的存在瓦解了纳税人的反对心理，使得政府可以扩大政府开支。在布坎南看来，预算盈余和民主政治就是不相容的。因为预算盈余意味着增税或削减政府开支或二者并举，但任何一种行为都会引起选民的不满。政治家和官员为了维持自己的选票和“宝座”，必然会迎合选民的意愿，在不增税的基础上扩大政府开支，势必会导致政府规模的增长。

五、财政幻觉假说

财政幻觉假说最早由意大利经济学家 A · 普维亚尼（Amilcare Puviani）提出，后来由法西亚尼（Mauro Fasiani）、瓦格纳和布坎南等人加以发挥，就是指立法机构对政府的真实预算规模“制造”幻觉来“欺骗”公民，使得公民感觉不到税赋在增加。这样“伪装”后，公民就会产生政府规模比实际要小的幻觉，于是政府就可以超越公民所容忍的水平增长。普维亚尼、布坎南、奥迪斯等对财政幻觉都有着深入的解释。

---

① ［美］J. M. 布坎南、R. W. 瓦格纳：《赤字中的民主》，北京经济学院出版社 1988 年版，第 91 页。

（一）普维亚尼的解释[①]

普维亚尼把财政幻觉分为课税中的财政幻觉和公共支出中的财政幻觉。他认为课税中的财政幻觉主要有七种情况：

第一，纳税人对其所缴纳税额在总预算支出中贡献或者说所占份额以及在公共支出和服务所承担的实际成本并不清楚，从而会认为政府扩大的预算支出或许与自己没有多大关系，因而对政府扩大预算的行为并不是很在意。这类幻觉是通过公共企业、特定消费税、公债、通货膨胀和政府作出假的许诺等不同形式产生的。

第二，利用纳税人的缴税心理，当纳税人的“纳税边际心理成本”[②] 比较小，即当心情比较高兴或者刚好取得收益，认为纳税是理所当然的事情，很乐意缴纳此税时，便对其进行征税。在一般纳税人看来，在交易完成、取得收益时征税，比在另一个时候课征等量的税，前者的税收负担更容易被接受。如在某人刚好得到一笔奖金或额外收入（如继承一笔遗产）时对其进行征税比在若干年后对其征税，他的心理感受是很不相同的，前者明显要优于后者。

第三，当发生值得纪念的事情或愉快事情时对所提供的名义服务收取直接费用。如结婚证书费、打猎证书费、娱乐证书费、护照签证费等。这在中国也比较常见，如曾经在领取结婚证时婚姻部门会出售“结婚纪念品”，有的还指定地点照高额婚纱照。有的邮电部门在送达录取通知书时搭送“礼品”利用的也是这种幻觉，虽然他不属于政府收费。在一般情况下，当事人缴纳这些费用肯定会产生逆反心理，但这时他却

① 参见方福前：《公共选择理论—政治的经济学》，中国人民大学出版社 2000 年版，第 191 ~ 193 页。

② 指纳税人对此次缴税的心理负担。纳税人通常是不愿意纳税的，即纳税人的纳税边际心理成本较高。

会显得不怎么在乎，乐意缴纳。

第四，利用纳税人的“大众心理”① 或者“仁慈”心理从而从感情上征服纳税人进行征税。这时纳税人纳税时感觉到在情理之中，没有大的心理负担。如富人担心穷人暴乱，政府旨在把富人的收入再分配给穷人而趁机对富人进行征税，就比较容易被富人接受。

第五，统治阶级或政府利用如果不征收某种税的可怕后果来“恐吓”、“威胁”纳税人进行征税。这种方法也会产生财政幻觉。

第六，如果分解一个人的总纳税负担，“细水长流”，使纳税人面对无数小税而不是若干大税，也会产生幻觉。例如，如果把对一个人的所有税负全部以一种税（如所得税）来征收，就会使得纳税人明显感觉到他在维持政府公共支出中所承担的成本。如果把其全部税负分为若干小税，如所得税、遗产税、交易税、契税等若干种，他就不易感觉到他对政府的“贡献”，即承担了多少政府成本。

第七，在个人不能了解谁最后支付即不知道税收归宿的情况下征税。如公司所得税就属此类，公司员工总觉得这是公司缴纳的税，虽然也隐约能感觉到有他的贡献，但大家都有“份”，他也就不怎么在意了。

（二）布坎南的解释

布坎南认为，在现代财政制度下，财政幻觉有“乐观”和“悲观”之分。他认为普维亚尼的分析中，统治阶级总是试图创造“乐观”，让纳税人在纳税时感觉到支出的“较少”而得到的“较多”，普氏的这种分析方法有失偏颇。布坎南认为财政幻觉可能通过以下四种形式产生：

一是预扣收入作为税收的支付。在第二次世界大战后的美国等一些西方国家，很大一部分个人所得税是以从雇员薪金或工资中扣除税款的

① 指这种行为被社会所承认，公众普遍能够接受。

方式课征的。这部分税款还没有到达雇员手中就由充当收税官的雇主直接扣除了。这比雇员拿到收入后再让其从中拿一部分出来缴税更容易让雇员“接受”，也使得他对在政府支出中所承担的成本“意识”要淡化得多。

二是累进所得税制度。累进所得税制度容易产生悲观的财政幻觉，它主要来源于平均税率和边际税率的分离。个人在缴纳所得税以及考虑他在政府支出所承担的成本时感觉到的是边际税率，而在权衡政府应该供给的公共物品数量以及他从公共支出的受益时，感觉到的是平均税率。受累进结构的误导，个人会感觉到政府提供给他的公共物品价格在上涨。

三是社会保障税与公司所得税。社会保障制度的建立使得保险统计得以独立和完整，这使参与者看不到成本和利益的真正数量。得益于这种制度的人只是负担了他所得收益的极小的一部分，其余的大部分资金必须依靠从现期对未来收益人课征的税款中获得。现期的纳税人容易认为这是为了给他自己的退休金积累资金，从而默许对社会保障税的不断课征。这与他知道这种税仅仅是为了满足对现期受益人的支付需要相比，他的“反税”意识就会弱得多。在公司所得税方面，布坎南与普维亚尼的看法一样，也是认为由于对这种税的最终税收归宿不清楚而使得雇员（最终纳税人）看不清他在政府支出中所负担的这部分成本。

四是资本收益税与个人所得税的分摊。美国法律规定对实现了的资本收益或获利在税收上给予一定的优惠，而对未实现的收益则不征税。实现了的资本收益是指出售资本财产而得到的收益，而不是指在正常经营业务中获得的利润。由于资本收益是不连续的和经常变化的，所以他们此时在累进所得税制下比在稳定获得同等数量的收益时所支付的税收要多，但对资本收益的税收优惠远远抵消了对资本所得的累进税额，纳税人对政府的这种行为感到比较“感激”，容易接受这些“累进税负”。他还认为，如果在累进所得税制度下引入额外的个人所得税的均摊，将会使纳税人的抵制最小化。

另外，奥迪斯（1988）也对财政幻觉做了种种假说，如复杂且有弹性的税收结构、“捕蝇纸效应”等，但他自己也没有找到合适的证据来予以支持。

总之，财政幻觉论者认为，政府总是从心理角度出发去利用纳税人的心理或创造出一些制度使得纳税人对其缴纳的税收产生一种“幻觉”，能够以不反对甚至是愉悦的心情来承担税负并且还不能明显感觉到扩大的政府开支与他自己的税负有多大关系。于是，政府（官僚）就可以适时超越公民的一些意愿去增加开支而不会带来公民的反感。

上述有关公共选择学派对政府规模膨胀的五种可能解释产生于两类不同的国家观。前三种假说属于一类，基本上源自民主国家的经典理论。国家为执行“人民的意愿”而存在，国家政策是选民偏好的反映。后两种假说属于一类，它带有官僚制的色彩，把国家置于公民之上，国家偏好或者政府中的个人偏好起着决定性的作用。这两类观点虽然针锋相对，但都是各有其理，它们“都可能在某种程度上正确。”①

第三节　我国政府规模扩张的公共选择分析

公共选择学派的观点产生于西方国家，由于中西政治体制的不同，它们不能充分解释中国政府规模的扩张。但国家职能和“人的本性”

① ［美］丹尼斯·C. 缪勒：《公共选择理论》，中国社会科学出版社 1999 年版，第 415 页。

都有相似之处，如政府供给公共产品、人的本性偏好等，因此，其中有些观点对解释及控制中国政府规模扩张仍具有重要的借鉴意义。

一、政府规模不断扩张的现状

自20世纪初期特别是第二次世界大战结束以来，政府供给规模进而政府成本的不断增长已是不争的事实。包括中国在内的几乎世界上的所有国家都呈现出了这种现象。

（一）西方国家的政府规模扩张

西方发达国家的政府支出（从而政府规模）增长被称为是带有戏剧性的色彩。早在第一次世界大战前的1913年，美国政府（包括联邦、州和地方政府）支出不到GDP的1/10，第二次世界大战刚结束后的1946年上升到13%，而到1998年财政年度，美国联邦政府支出高达16000多亿美元，约占GDP的21%；而美国政府支出约占GDP的1/3。与其他发达国家相比，美国的政府支出还算是小的。英国政府支出早在1960年就占GDP的35%，1975年达到高峰，占GDP的48%，20世纪80年代这个比例则下降到45%左右。1996年，美国、英国、德国、法国和日本的政府支出在GDP中所占的比例分别为33.7%、41.4%、45.8%、51.6%和28.4%。在经济发达国家中，只有日本的公共支出小于美国，其他国家均高于美国。

（二）中国的政府规模扩张

中国从新中国成立到改革开放再到建立社会主义市场经济体制，政府职能在不断调整，特别是向市场经济体制转轨后政府逐渐退出了经济建设等微观领域，财政体制不断变迁，导致财政支出项目进而总量也随之而动，颇具特色。若按照国外那样——单纯看财政支出占GDP的比例（如表4－1所示），对中国50多年的政府规模变化进行分析，很不科学，也不合实情。在此可以我国经济体制的几次重大改革为分界点来分析中国政府规模的变化情况。笔者认为以开始实行改革开放的1978年和开始向市场经济体制转轨的1993年为节点分三个阶段来对其进行探讨比较合适。

表4－1　　不同阶段我国财政支出与GDP的相关比较

	财政支出（亿元）				GDP（亿元）	财政支出占GDP比重（%）	行政管理费占财政支出的比重（%）	经济建设费占财政支出的比重（%）	社会文教费占财政支出的比重（%）
	总额	其中：行政管理费	其中：社会文教费	其中：经济建设费					
1952	172.07	15.49	21.11	73.23	679.0	25.3	9.0	42.6	12.3
1978	1122.09	52.90	146.96	718.98	3624.3	31.0	4.7	64.1	13.1
1993	4642.30	634.26	1178.27	1834.79	34634.4	13.4	13.7	39.5	25.4
2001	18902.3	3512.49	5213.23	6472.56	95933.3	19.7	18.6	34.2	27.6

资料来源：根据2001年及2002年《中国统计年鉴》相关数据整理。

根据上述资料，不妨从年均增长率这个角度对1952～1978年、1979～1993年、1994～2001年这三个阶段的相关指标进行比较：这三个阶段的GDP年均增长率分别为6.65%、16.24%、13.58%；财政支出年均增长率分别为7.48%、9.93%、19.18%，可见在1993年以后财政支出的增速大大快于GDP的增速，前者是后者的1.41倍；行政管理费年均增长率分别为4.84%、18.0%、23.9%；社会文教费的年均增长率分别为7.75%、8.34%、5.89%；经济建设的年均增长率分别为9.18%、6.44%、8.77%。具体如表4－2所示。

表4－2　不同阶段我国财政支出与GDP的年均增速　单位：%

阶段	GDP年均增速	财政支出年均增速	行政管理费年均增速	社会文教费年均增速	经济建设费年均增速
第一阶段（1952～1978年）	6.65	7.48	4.84	7.75	9.18
第二阶段（1979～1993年）	16.24	9.93	18.0	8.34	6.44
第三阶段（1994～2006年）	13.58	19.18	23.9	5.89	8.77

资料来源：根据2001年及2002年《中国统计年鉴》相关数据整理。

说明：从2007年开始，财政部开始实行财政收支科目改革，行政管理费、经济建设费、社会文教费等科目不再存在，为便于历史比较，本表数字只能截至2006年。

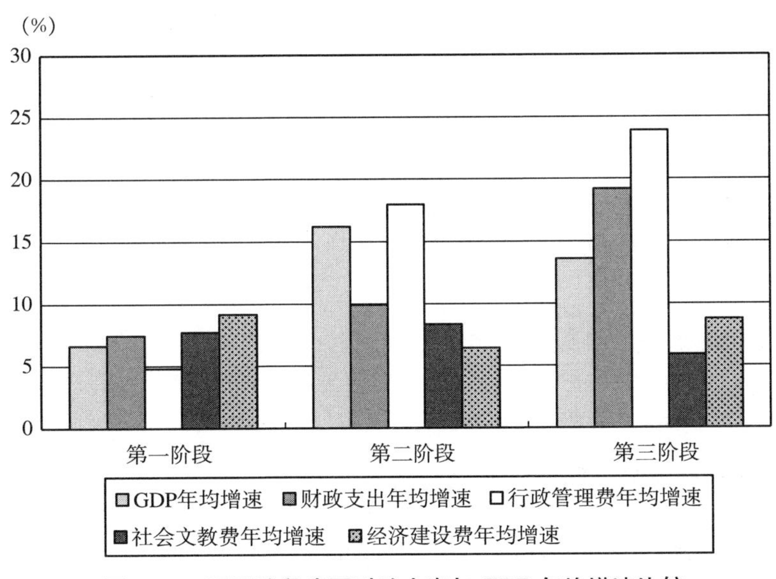

图4－6　不同阶段我国财政支出与GDP年均增速比较

由表4－2和图4－6可以看出，改革开放以后的两个阶段，唯有行政管理费增长速度远高于财政支出以及GDP的增速——分别是财政支出增速的1.81倍和1.25倍，是GDP增速的1.11倍和1.76倍，且在各项指标中最快；社会文教费在1993年后的增速反倒低于以前；而经济建设支出在1993年后尽管其速度看起来有所增加，但远低于财政支出和GDP的增速，而且同GDP增速相比，是逐渐大幅度降低的——这三个阶段同GDP的比值分别为1.38、0.65和0.40。这说明GDP的增长并不是必然诱因，相对于国家经济建设支出的增长，这是因为我国政府职能在不断变革，政府逐渐退出了直接经济建设领域。国家是以经济建设为中心，但在对经济建设有效支出大幅下降的同时，财政支出特别是行政管理费进而政府规模却在大幅度增长。

前文所述看起来都是政府财政支出即政府直接成本的增长，非但如此，伴随直接成本的增长，政府的机会成本必然也会呈增长的趋势，因为它毕竟是在政府直接成本的基础上计算的；同理，政府直接支出的增长必然会增大产生社会成本的概率。因此，总体看来，政府成本是有着增加趋势的。

二、我国政府规模扩张的原因探析

中国政府规模的增长也可从公共财政学角度和公共选择角度来对其进行分析。

（一）基于公共财政学视角分析

公共财政学将政府规模扩张归结于四大原因。

第一，人口规模增长。诺思一直把人口增长视为经济史变迁的根本因素之一。人口规模越大，对公共物品的需求就越多，导致政府供给进而政府规模也随之扩张。1952年我国总人口为5.75亿，2010年11月我国第六次人口普查时的祖国大陆总人口已达到13.4亿，增长1.3倍，意味着即便人均税收和人均财政支出规模不变，总税收和财政支出规模也得扩大。但从增长速度来看，我国人口年均增长率为 1.66%，远低于财政支出的增长速度。

第二，城市化水平提高。城市化意味着更高的收入和生活水平，这要求政府供给更多、更好的公共物品。但是如人口规模的增加一样，城市化也会使具有规模经济特征的公共物品的供给成本降低，从而对政府规模起到一定的抑制作用。1952 年我国城市化水平为 12.5%，城市总人口为 0.72 亿；到 2010 年第六次人口普查时，我国城市化水平已达 49.7%，城市总人口为 6.66 亿。城市人口年均增长 3.9%，它高于人口增长的速度，但是要低于财政支出的增速。

第三，国家用于公共物品的支出大幅度增加。缪勒（1995）认为："如果提供的物品有相对增加，政府的规模就相对增长。"改革开放后我国社会文教方面的支出占财政支出的比重大幅度增加，但年均增长速度却有所降低，更是远低于财政支出的增长速度。这同时也说明了教育、科研等公共物品以及上述的人口和城市化水平的增长并不是政府规模扩张的主要原因。

第四，政府机构和人员快速增长。从前文表 4－1 的分析就可以看出，行政管理费的增速远远快于财政支出和 GDP 增速，更重要的是还远快于其他财政支出科目的增速，这足以说明快速增加的政府机构和人口进而行政管理支出是我国财政支出进而政府规模不断膨胀的主要原因。

（二）基于公共选择视角分析

中国政府机构的膨胀不能用尼斯卡兰的选票最大化模型来解释，因为中国的政治家不是经过普选产生的，没有竞选连任的压力，也没有为了更多选票而拨出最大化预算的刺激；也不能用传统的马氏、罗氏和瓦氏相关定律来解释，因为经济建设支出在中国的财政支出中的比重是由高到低变化的（中国经历了由计划经济向市场经济转轨的过程，以前由政府承担的一部分经济职能都还给了市场）。这里的原因只能从经济学角度的“效用最大化”来进行解释。不少中国人都有“从政”、“当官”的欲望，党政机关被他们作为首选单位。而实际上，在我国目前的工薪阶层中，国家公务员的平均工资水平是中等偏下。但仍有不少人特别是有些从工资上明显具有高机会成本的人对工资水平并不高的机关部门也情有独钟。此时是效用最大化而不是利润最大化引导着人力资源的配置——“从政”可以提高他们的效用水平。他们追求的不仅仅是物质上的利益，还有精神上的享受，如从政可以实现自己的抱负、提升自己的名气，等等——有时后者还要大于前者，即他们对精神效用的偏好足以诱导他们对从政趋之若鹜。当然也不否认有些人就是把从政、当官当作一种“资本”来谋取更多的物质利益，为数并不算少的人在从政后便出现腐败案就是明证。所有这些势必会导致政府规模的膨胀和政府成本的扩张。

另外，中国政府的公共支出进而政府成本的不断增长也可能是如公共选择学派的“公共产品供给说”所云，由于人们收入的增加以及有些地方服务环境的恶化（如治安状况恶化就多派警察等）会使得政府增加对公共产品的供给。虽然公共选择学派在论述“收入增加”这一原因时是以中间投票人为例，但其原理仍然适用于中国。

第五章

政府绩效评估的基本理论与实践

传统的行政管理模式是以权力高度集中、资源统一分配、重“过程”而轻“结果”的管理机制为主要特征。自20世纪80年代开始，西方新公共管理运动提出“公共服务市场化、社会化”的新理念，强调权力非集中化、“结果为本”和“服务为本”等新的政府治理模式。政府绩效管理正是在这种新理念的引导下应运而生，逐渐成为现代政府管理的核心内容。提高政府绩效必须先评估现有的绩效水平，这在国外已开展多年，近些年我国也进行了广泛而深入地探索。

第一节　政府绩效评估的内涵

一、政府绩效评估的含义

绩效评估（performance measure）是一项复杂的系统工程，就是对某行为主体的所产生的绩效进行测定和评价。有关绩效评估的研究可广泛见于管理学、组织行为学、人力资源管理中，但对其概念的界定却是仁者见仁，没有统一的说法。如史密斯·穆飞认为，“绩效评估是组织对雇员价值秩序的决定。”朗格斯纳认为，“绩效评估是基于事实，有组织地、客观地评价组织内每个人的特征、资格、习惯和态度的相对价值，确定其能力、业务状态和工作适应性的过程。”伊山吹太朗认为，“绩效评估是对雇员与职务有关的业绩、能力、业务态度、性格、业务适应性等诸方面进行评定与记录的过程。”① 张一驰认为，“绩效考核是对员工一个既定时期内对组织的贡献作出评价的过程，从数质两方面对其工作的优缺点进行系统的描述，绩效评估是一个复杂的过程。”② 韦恩·蒙迪等认为，“绩效评估是定期考察和评价个人和小组工作业绩的一种正式制度。”③ 等等。

以上定义从不同角度反映了对“绩效”认识的演进过程。从“过程”到“制度”，从实际工作到工作的影响因素，从“绩效”字面意义上的工作成绩、贡献到对雇员特征、工作能力、工作态度、工作适应性、潜在能力的认定等，涵盖面甚广，使得绩效评估变得更加复杂和深奥。显然，认识政府绩效评估的不能单从个人层面来理解，应转向侧重组织绩效评估。“但确切界定组织层面的绩效则更为困难，因为政府的行为，即便是一种简单的服务，也是个复杂、多面的概念，在过去无法定义它已成为阻碍测评发展的重要原因之一。”④ 对其界定也是众说纷纭，如“‘绩效评估’（performance measurement，也有人译为绩效测定、

① 吴国存编著：《企业职业管理与雇员发展》，经济管理出版社 1996 年版，第 250 页。

② 张一驰编著：《人力资源管理教程》，北京大学出版社 1999 年版，第 185 页。

③ ［美］R. 韦恩·蒙迪、罗伯特·M. 诺埃著：《人力资源管理》，经济科学出版社 1998 年版，第 296 页。

④ 于军编译：《英国地方政府行政改革研究》，国家行政学院出版社 1999 年版，第 168 页。

测量、测评等）指发展示标、收集资料以便描述、报告和分析绩效。”①，“绩效评估是一个用于为评价政府活动、增强为进展和结果负责的一切系统的努力和术语。”②，“绩效评估是评价达到预定目标的过程，包括以下信息：资源转化为物品和服务（输出）的效率，输出的质量（提供给顾客的效果，顾客满意程度）和结果（相对于预期目的的项目活动的后果），政府在对项目目标特定贡献方面运作的有效性。”③，“绩效评估指衡量政府体系的产出在多大程度上满足社会公众的需要。”④ 等等。鉴于此，保罗·埃普斯特恩（Paul Epstein）建议，最简单的定义方式是：“绩效评估是评价政府决定是否以某一合理的成本提供一定质量产品的方式。”⑤

笔者无意再从概念上对“绩效评估”雪上加霜，为了分析和理解上的方便，在此只是说明三点：

第一，“绩效”是由英文单词“performance”翻译而来，《牛津现代高级英汉双解词典（第三版）》对“performance”的解释有三条，其中和大家讨论相关的一条是：“notable action；achievement：成绩，成就，表现”。⑥ 不敢冒昧将“performance”译成“绩效”，在此只是把它分为广义和狭义两种。

第二，本书所说的“绩效”是狭义上的“绩效”，是指政府行政行

---

① Engaging Citizens in Achieving Results that matter：A Model for Effective 21st Century Governance，By Paul Epstein，Lyle Wray，Martha Marshall and Stuart Grifel. A Paper for ASPA CAP's Symposium on Results-oriented Government，Feb，2000.

② Reinventing Government Series：Performance Measurement and Budgeting，Sheldon Silver & Marty，July，1995.

③ Serving the American public：Best practices in performance Management，Benchmarking Study Report，June，1997.

④ 胡宁生主编：《中国政府形象战略》，中共中央党校出版社 1998 年版，第 1078 页。

⑤ Serving the American public：Best practices in performance Management，Benchmarking Study Report，June，1997.

⑥ 《牛津英汉双解词典（第三版）》，牛津大学出版社 1984 年版，第 845 页。

为的“有效产出”，而众多西方学者讨论的“绩效”是广义的“绩效”，除包括政府业绩（或“产出”）外，还包括政府行政的经济性、效率性等方面，本书将这些列为“政府效率”的范畴。

第三，政府绩效属“组织绩效”范畴，是指政府部门如何履行被授权的职能，利用纳税人缴纳的税款为纳税人、为辖区的经济、社会、文化发展究竟做了哪些贡献等，而不是指政府工作人员的个人绩效。

二、政府绩效评估的主体

评估主体，即“由谁评估”的问题。政府绩效的评估主体比较广泛，组织内外的所有利益相关者或无关者都有权评点。如果从政府组织内、外两个方面来看，政府绩效评估主体可分为内部评估主体和外部评估主体，具体选择哪一种要视评估目的而定。

乍看起来，使用内部评估比较合适。“理想上，每个组织都应该做自我评估。”“有效的内部评估对管理者提供必不可少的支持”（Wildavsky，1985），[①] 但内部评估难以避免人们对其公正制度的疑虑，因为内部评估往往会附从一些自利行为，如为避免暴露缺陷、只强调取得成就的一面、用一些有利的论据来免于外界的责难等。假如某项目投入资金太多，却未达到或是只是较小程度达到目标，内部评估主体很可能寻找种种理由来为其失误的决策辩护。当然也不能因此就得出外部评估主体一定会公正、客观，因为外部的专门评估机构也有可能因种种目的（如价值因素，获得下一次评估的机会等）作出与实际情况不符的评估结论。总之，只要有“利益”因素、有“人”的因素介入，评估就不

① Evert Vedung：Publicpolicy and Program Education，Transaction publishers，New Brunswick and London，1997，P. 117.

可能绝对客观，只是在某些情况下，某些主体可能比其他主体要相对更客观一些。当然最好的办法就是两者同时使用，但这样会过于浪费，交易成本太高，并不现实。可以设想根据评估信息最主要使用者的最主要目的来选择最佳评估主体。如果评估是为了检验政府是否履行了职责，提供了令公众满意的服务，就应由外部的评估主体如专门的评估机构、大众传媒、公民来进行，因为他们能尽量保证客观。如美国的坎贝尔研究所利用调查、政府文件和访谈相结合的“三角式”方式来获得绩效评估数据就属此类。如果评估的主要目的是为了让政府部门做自我检查，旨在能从中吸取经验教训以改进工作，就可以由组织内部作为评估主体。经常进行内部评估能使相关主体清楚认识到自己的工作状况，防微杜渐，尽量避免各种盲目、失误等不良现象的发生。特别是对诸如运转周期长、规模庞大等需要持续监控的项目或服务，尤其有必要进行内部评估。如果评估的主要目的是想了解政府行为状况，从中得到一些信息以为他用，就可以由一些组织外的大学、思想库等研究机构进行。目前，由外部评估主体来评估政府绩效比较常见，如英国的审计委员会、美国的审计总署、坎贝尔公共事务研究所，我国的广东省社会科学院每年对全省各城市政府进行绩效评估并发布《红皮书》。

三、政府绩效审计与绩效评估

（一）国外政府绩效审计概况

1. 美国政府绩效审计概况

美国是世界上开展政府绩效审计最早的国家。早在 1921 年，美国就成立审计总署（General Accounting Office，GAO），政府在支出发生后要将所有的支付凭证送到 GAO 检查，由后者集中审核政府支出的合法性和适当性。到“二战”后，受凯恩斯主义及战争影响，美国政府开支猛增，GAO 虽然增加了大量人员也无法按时对巨量凭证的审计。1947 年，决定由行政部门各自负责本部门的财务审计，GAO 只负责提供会计基本原则与规范及监督财务管理程序与控制的合规性。到 1949 年，GAO 就开始实行综合审计方法，主要包括五个方面的目标：一是审查政府机构的项目与活动是否遵守了国会的意志；二是审查政府机构的税收与财务报告是否合法；三是审查政府机构提交给国会的报告及内部控制是否清楚地揭示了活动的范围和性质；四是审查支出是否符合法律授权；五是审查资源是否被有效地利用和控制。1950 年，杜鲁门总统签署《预算和会计程序法案》，明确划分了行政部门的会计责任和 GAO 的审计责任。行政部门的责任是建立会计系统、提供完整和合法的信息，GAO 的责任是检查政府的财务活动，审查是否建立了内部财务控制，支出是否有效。到 20 世纪 50 年代中期，审计业务量继续增长，而审计人员随着政府裁员而大幅减少，于是 GAO 开始注重提升审计人员素质，按注册会计师行业的要求来培训审计师，甚至是直接聘用注册会计师，此时审计业务的目标也开始转向经济性和效率性上。到 20 世纪 60 年代 GAO 就进一步把注意力转向经济性、效率性和效果性即“三 E”审计①方面。70 年代“三 E”审计走向准则化。1972 年 GAO 根据立法所赋予的权限制定了《政府的机构、计划项目、活动和职责的审计准则》（俗称《黄皮书》），规定审计内容分为三部分：一是财务和合规性审计；二是经济性和效率性审计，三是项目效果审计。从此使“三 E”审计进一步走向规范化和规模化。GAO 于 1994 年又对《政府的机构、计划项目、活动和职责的审计准则》进行修订，对绩效审计解

① “三 E”是由经济的、效率的和效果的三个词的英文单词，即 Economic、Efficient、Effective 三词的首字母而来。

释为：

“绩效审计就是包括经济性和效率性审计以及项目审计。其中，（1）经济性和效率性审计包括确定：①机构是否经济的和高效率的取得、保护和使用它的资源（如人员、财产和空间）；②低效率和不经济情况产生的原因；③机构是否遵循了与经济性和效率性有关的法律和规章。（2）项目审计包括确定：①达到立法部门和其他权威机构所确定的预期效果或收益的程度；②组织、项目、活动和功能的有效性；③机构是否遵循了与项目有关的法律和规章。”①

由此可见，GAO 在开展政府绩效审计方面在全球起步最早且方法也很为科学，是全球政府绩效审计的领头雁，产生了重要的示范效应。

2. 英国政府绩效审计概况

英国政府绩效审计也有着比较悠久的历史，但以法律形式被确定为国家审计署的工作内容则始于 1983 年。此后，国家审计署每年投向政府绩效审计的审计力量约占 35%，并有不断提高的趋势。仅 1994 ~ 1995 年国家审计署就公布了 50 份绩效审计报告，涉及的领域涵盖了国防、教育、农业、环境、交通、卫生、社会保障、法律、内政服务、海外和中央政府事务研究、私有化、税收 8 个领域。

英国政府绩效审计的审计对象和内容同美国比较相似，主要是对政府部门及其所属单位、公共资金使用单位支配资源的经济性、效率性和效果性（即“三 E”）进行检查。在英国国家审计署出版的《绩效审计概要》中对“三 E”做了明确的解释：

经济性，是指在适当考虑质量的前提下，尽量减少使用资源的成本，简言之，减少支出；效率性，是指商品、服务和其他结果及其所使用的资源之间的关系，即一定的投入是否得到了最大产出，简言之，支

① 屠洪梅等译：《美国政府绩效审计准则》，载于《审计研究资料》1997 年第 6 期。

出合理；效果性是指项目、计划或其他活动的预期效果和实际结果之间的关系，即商品、服务和结果在多大程度上达到既定政策目标、经营目标以及其他预期效果，简言之，支出得当。①

3. 其他国家的政府绩效审计概况

除英、美之外，德国、日本、瑞典、新加坡、印度等也开展了大规模的政府绩效审计活动，活动性质同英、美是大同小异。

德国联邦审计院除进行合法性审计外，还进行经济性审计，在内容上和英美等国的绩效审计存在差异，但也属于政府绩效审计范畴。内容主要包括两方面：一方面检查被审计单位是否按要求对预算事项做了经济性分析；另一方面用最大化原则（即投入一定的资金获得最大的效益）或用最小化原则（即达到一定的目的所花费的成本和费用最小）来衡量管理部门的活动。

瑞典国家审计局开展绩效审计已有 30 多年历史，与财务审计、财政管理形成三分天下的局面。绩效审计主要是对政府业务活动的效率性、效果性和管理制度的健全性、合理性进行检查。包括两个阶段：调查阶段和深入阶段。调查阶段的主要任务是分析被审计单位的目标、业务活动和管理制度，判断目标是否正确、业务活动中是否存在问题或薄弱环节、有无保证业务活动正常进行的管理制度保障等。深入调查阶段就是对前一阶段发现的问题进行剖析、研究，提出纠正或改正建议。

新加坡审计署对政府部门及其下属单位的审计主要有四类：财务审计、合规审计、经济效益审计和项目审计。经济效益审计是审查政府部门或法定机构的人力和其他资源是否按照高效与节约的原则进行管理和

① 《世界主要国家审计》编写组：《世界主要国家审计》，中国大百科全书出版社 1996 年版，第 149 页。

运用，有无浪费和奢侈现象。[①] 项目审计是审查被政府部门、法定机构列入经济发展计划的各个项目和实施方案的执行结果是否达到预期目标。[②] 到80年代中期，新加坡审计署已有一半的审计人员在从事经济效益审计和项目审计。

印度主计审计长公署中属于绩效审计的有四种：经营绩效审计、绩效评价、社会发展审计和经济发展审计。经营事项审计是对企业业务交易事项的经济、效率、效果及其合理合规性进行审查，内容包括销售、购货、合同等经营事项。由此看来，其经营审计实际上是绩效审计和财务审计的统一。该活动每年进行一次。绩效评价是指审计委员会有选择性的对国有企业生产经营活动进行全面的检查和评价。社会发展审计是政府审计机构对社会发展规划和项目的支出进行审计检查，以确定其是否经济有效的贯彻执行以及是否达到了预期效果。每年要对教育、就业、健康、营养、社会福利、社会的薄弱环节、住房、供水等不同的社会发展方面，选出一部分计划和项目进行“三E”审计。这很显然就是一种绩效审计。经济发展审计主要就是对农业、交通和运输、能源、企业和进出口发展等经济发展方面的有关内容进行检查，如资金支出是否合理、是否达到了预期效果等。

日本会计检察院的工作内容包括正确性、合规性、经济性和效果性审计，基本涵盖了英、美等国的“三E”审计内容。

总之，开展政府绩效审计是政府审计发展的历史必然，不同国家都在进行类似英、美的政府绩效审计活动。只是因国情不同，审计内容可能会有所差异，同一国家也会随着该国经济、社会的发展状况不断调整审计内容，但目的都如出一辙，都是为了监督和促进政府的公共管理活

---

① 《世界主要国家审计》编写组：《世界主要国家审计》，中国大百科全书出版社1996年版，第779页。

② 同上，第780页。

动，提高政府管理效率，使公共资金等资源达到最佳配置。

（二）政府绩效审计与绩效评估的关系

在绩效评估被广泛推行以前，有些国家已开展了“政府绩效审计”，它在本质上属于“政府绩效评估”范畴，只是行为主体有所不同。前者是审计部门进行评估，政府部门是被审计对象，处于被动地位；后者是政府部门有明确的示标进行参照，它可根据相关示标不断主动地改善工作，在活动中可以处于主动地位。实际上，在绩效评估推行以后，绩效审计也仍在进行。两者是同一性质活动的不同称呼，只是工作侧重点有所差别。主要体现在三个方面：第一，绩效评估是对政府行为从规划是否正确、执行是否合理到结果是否理想等进行全程“监控”，而绩效审计一般是等待过程全部结束后对执行结果进行审计，只能属于“事后”活动，对规划等前期工作关注得相对要少；第二，绩效评估在活动主体上更为广泛，它包括政府自身、公民以及一些社会组织等，而绩效审计的活动活动主体通常只是政府审计部门；第三，在活动过程中，绩效评估的对象更全面、更具体，尽可能地用量化指标来描述活动结果，而绩效审计在评价指标范围上相对于前者要窄一些，一般也没有前者具体，后者一般在资金支出的合法合规性方面考虑得更多。

第二节　国外政府绩效评估的实践

一、美国政府绩效评估实践

政府绩效评估最早可追溯到 1907 年纽约研究署开展的有关活动。

1938 年雷德和西蒙（Ridley & Simon）也讨论了公民应用“尺子”来度量拥有的是有效还是无效的政府。随着生产力的发展以及政府预算体制的不断完善和科学化，对绩效评估的研究和应用也日益兴盛。后来的胡佛委员会（Hoover Commission）成功地将“流水线式”作业应用于联邦政府并引入了“绩效预算”（performance budgeting）的概念（Fisher, 1994；Ehrenhalt, 1994）。20 世纪 60 ~ 80 年代绩效管理在地方和联邦政府得以立足，其间一些新的预算模式如绩效项目预算体制（PPBS）、零基预算（ZBB）、目标管理（MBO）、基于绩效的预算以及基准预算等脱颖而出（Fisher, 1994；Ehrenhalt, 1994）。以 20 世纪 50 年代戴明（Deming）的研究为基础而兴盛的全面质量管理（TQM）在 90 年代也得以重视，特别强调顾客导向、质量监测以及将绩效管理数据纳入项目绩效分析等（Leithe, 1997）。① 从联邦政府到民间组织，都对美国的政府绩效评估起了很大的推动作用。

（一）政府对绩效评估的推动——从“生产力测定方案”到“GPRA”的推行

1. 联邦生产力测定方案

美国的政府绩效评估从 20 世纪 70 年代开始走向成熟。1973 年，尼克松政府颁布了“联邦政府生产力测定方案”，力图使政府机构绩效评估系统化、规范化、经常化。有关部门为此设计了 3000 多个指标，由劳工统计局收集雇员 200 人以上的联邦政府机构的产出、劳工投入、劳工成本等方面的信息。1974 年，福特总统要求成立专门机构，对所有政府部门的主要工作进行成本—效益分析。但当时遇到了不少问题，如

① David Joseph Bernstein: Local government performance measurement use: Assessing system quality and effects (Oregon, Virginia, Arizona, North Carolina). pp. 28 – 29. Dissertation Abstracts International, Volume: 61, Section: A, P. 1153.

管理者对绩效评估的积极性不高、指标体系和评估方法缺乏经验基础和技术支持，导致科学性欠缺、测评结果得不到重视，特别是在“水门事件”后无法得到政治支持。

2.《政府绩效与结果法（GPRA）》的推行

20 世纪 90 年代初期，美国公共管理协会、政府会计标准委员会、政府财经官员协会、国际城市管理协会以及国家公共管理研究院等都力促要加强政府绩效管理。1993 年时任副总统戈尔挂帅成立国家绩效评估委员会（NPR，National Performance Review），国会也于当年 7 月通过《政府绩效与结果法》（GPRA，Government Performance and Results Act）。NPR 是当时克林顿政府行政改革的总蓝图。它强调要对公共服务结果和效果进行衡量，提出了相应的行动计划，要求所有联邦政府机构应着手发展与运用可测量的目标并且报告施政结果，总统应与各部门首长签订绩效协议书，对服务质量优秀的机构应颁发国家质量奖。GPRA 从法律层面规范了政府绩效评估工作，提高了政府绩效评估的权威性，它要求所有的联邦机构开展政府绩效评估并向公众报告评估结果。立法要旨体现在三个方面：第一，全面要求联邦政府机构对项目结果负责，以增强民众对政府的信心；第二，推动一系列从目标设定、绩效测量到结果公开的试验计划，以改进项目绩效；第三，强调要以行为成果、服务质量和顾客满意为新的焦点目标，改善项目效果和公共责任。该法案共由十一个部分组成，分别是名称（Short Title）、调查结果和目的（Finding and Purposes）、战略规划（Strategic Planning）、年度绩效计划和报告（Annual Performance Plans and Reports）、管理责任和灵活性（Managerial Accountability and Flexibility）、试点方案（Pilot Projects）、美国邮政服务（United States Postal Service）、国会监督和立法（Congressional Oversight and Legislation）、培训（Training）、法案适用（Application of Act）、技术和一致性修订（Technical and Conforming Amendments）。该法还要求所有联邦机构制定五年战略规划，明确各自的使命和长远工作目标；制定年度绩效计划，明确为实现长远目标采取的重大措施和绩效测量标准；提出年度绩效报告，评估各自的绩效状况并向国会和公众公开。

GPRA 要求将绩效评估制度在联邦政府层级制度化，并要求联邦机构制定如何为美国人民提供高质量产品和服务的战略规划及绩效评估制度，规定每个机构设立的战略规划都必须包括以下内容：第一，设立最高级别机构的目的、目标及年度项目目标；第二，说明如何能实现这些目标；第三，展示判断目标结果所选用的测评机构和项目绩效手段。GPRA 还要求在 1999 年政府广泛实行该法案以前先开展项目试点，国家审计总署和预算办公室要在 1994 年向议会报告试点项目以取得经验。随后，美国所有政府部门都实施了各种以结果为导向的绩效管理战略，把管理制度与结果导向相结合，持续监控并向利益相关者公开报告结果。1993 年，管理预算办公室通知各部门在编制预算时必须包括绩效评估内容。联邦政府要求所有政府机构从 1998 财政年度开始必须作绩效报告。绩效评估实施 5 年后，效果陆续显现，1998 财政年度、1999 财政年度美国连续实现财政盈余，其中 1999 年度财政盈余达 1230 亿美元，节省了 1000 多亿美元开支，裁减了 7.8 万个管理岗位，2000 多个地方派出机构，减少了 250 个项目部门的管理层次，清理或废止了 16 万页的各种规章制度。[①]

布什上任后，联邦政府的行政改革不断更新，但以绩效为本的管理原则没有变。布什明确指出："政府应该是结果导向的，它不由过程而由绩效引导"，提出了政府改革三原则——"以公民为中心，以结果为根本，以市场为基础"。并针对克林顿政府改革的进展和局限性，提出了 2003 年预算新模式，强调绩效与预算紧密挂钩，推行部门绩效"报

① 姚刚：《美国政府绩效评估的经验与启示》，载于《特区实践与理论》2014 年第 5 期。

告卡”制度，围绕组织绩效的主要方面设立绩效基准和等级评估标准（绿色代表良好，黄色代表一般，红色代表不佳），以一种类似危机管理的方式展示公共责任，力图从资源配置方面推动部门绩效的提高。①

（二）民间研究机构的特殊贡献——“坎贝尔公共事务研究所”（Campbell Public Affairs Institute）

坎贝尔（Alan K Campbell）曾担任卡特总统人事改革顾问、美国联邦人事总署署长和中国在实行公务员制度之初聘任的首席外籍顾问，在1990年退休之后，筹集到一笔公共行政基金，创办了名扬全球的“坎贝尔公共事务研究所”，开始了大规模的政府绩效评估活动。1996年成立了“政府绩效工程”（GPP，Government Performance Project）项目组并于当年在两个城市、两个郡、四个州以及四个联邦机构进行试点。②1998年对美国50个州以及15个联邦机构进行了评估，1999年分别对州、联邦机构的评估情况提出了相应的报告。③ 1999年对全美35个财政收入最好的市政府开展了测评，2000年又展开了对50个州的政府绩效评估，并提出了相应的等级报告，如城市等级报告（City Grade Report，2000）、州等级报告（State Grade Report，1999）等，2002年提出了“2002年总报告”（2002 Full Report），分别从财政管理（Financial Management）、资产管理（Capital Management）、人力资源管理（HRM，Human Resource Management）、信息技术管理（Information Technolo Management）、结果管理（MFR，Managing For Results）等方面对政府

① 中国行政管理学会联合课题组：《关于政府机关工作效率标准的研究报告》，载于《中国行政管理》2003年第3期。

② http：//www. maxwell. syr. edu/gpp/about/index. asp.

③ http：//www. maxwell. syr. edu/gpp/about/history. asp.

部门的绩效进行了详细、系统的分析，[①] 最后还对这五种管理进行了综合以探索改善政府综合绩效的良方。具体如下：

第一，财政管理。财政管理在以上五种管理体制中也是最重要的，因为政府的每一项开支几乎都离不开财政预算。在政府综合绩效评估中它是一个强力指标（strong indicator）。主要内容包括政府偿债能力管理是否符合法律规定的比例；退休金管理是否得当，投资部分有没有按期如数收回的保障；现金管理是否得当，有多少做了风险性投资；政府采购的各个环节设计和管理是否合理；项目管理是否合法，工程招标是否公开、公正；《美国政府财会通则》对账目建立和管理的规定是否得到了严格的执行，等等。在过去几年的绩效测评中，“财政管理”在政府各部门和各州、市都是成绩普遍较好的一项。

第二，资产管理。资产项目的支出以及它在适应公众需求方面的关键功能使得资产管理成为继财政管理之后的另一重要构成部分。不管是哪一届政府，资产管理都要遵循由政府官员、学者和管理专家等三方联合确定的三个标准——资产规划、项目管理和资产维护进行绩效评估。每项标准都反映了资产管理的一个基本要素。在资产规划阶段，必须对该项目包含预算开支在内的各种因素（如公众的需求）进行综合分析。在项目管理阶段，主要是政府开展检测并评估项目的执行情况。在资产维护阶段，就是政府采取合适的措施对资产进行科学维护。评估对象的范围很广泛，包括基础设施建设、公益事业管理等许多方面，如市政、环保、治安、教育、科技等。评估数据主要来源于三个渠道：民意调查、政府文件和访谈。这种“三角式”的评估方法有利于达到有效和客观的效果。

第三，人力资源管理。人力资源管理体制是指那些影响雇佣者的行

---

① http：//www. maxwell. syr. edu/gpp/grade/2002full. asp.

为、态度、绩效进而影响组织绩效的一些政策、体制和实践。人力资源实践活动非常广泛，包括战略规划、劳动力规划、招募预期的雇员、选择雇员、训练和发展雇员、管理雇员的酬劳以及赏识、分类职位、为雇员创造积极和安全的环境以及给予雇员利益等。评估人力资源管理有五个标准：一是政府是否对当前和未来的人才需求有战略性规划；二是政府是否吸纳熟练劳动力；三是是否“维护”熟练劳动力，包括提高雇员技能的训练、对熟练雇员的再培训、对业绩表现差的雇员训练以及达不到业绩标准的人员解雇等；四是政府是否激励雇员有效率的工作。有效的激励手段包括合适的金钱和非金钱报酬以及一些奖赏机制和便于雇员反馈的机制等。五是政府的劳力结构。它涉及到人力资源政策在职务提升等方面是否灵活，有无连贯的、规模合适的人力资源分类机制。

第四，信息技术管理。当前大多数政府都是以服务为导向，对服务活动的质量、信息的准确性及时效性要求也越来越高，使得信息技术成为政府管理的中心要素。另外，信息技术还是其他管理系统的命脉，财政管理、人力资源管理以及结果管理都离不开信息技术。而信息技术却是政府绩效评估中最易变的因素，比如信息以及IT技术易变且多变，对其他管理也造成了影响。GPP项目组对该项管理的评估列了七个排序准则：（1）政府部门的信息系统提供的信息是否能适应管理者需求以及战略目标实现；（2）政府信息技术系统是否有一个连贯的体系结构；（3）政府是否有一个有长远意义的、跨年度的信息技术规划；（4）是否有适当的信息技术培训机制，包括终端使用者以及信息技术专家对系统的正确使用和维护等；（5）政府是否能够评估并验证对信息技术系统的投资是合理的；（6）政府是否能够及时获得它所需要的信息技术信息；（7）信息技术系统是否能很好地支持政府和公民交流并为公民提供良好的服务。项目组还通过调查这些准则对政府工作的重要程度进行了研究，由此得出它们在信息技术单项绩效评估中所占的比重，分别为：第一和第二项各占25%、第三和第四项各占15%、第五项占10%、第六和第七项各占5%。

第五，结果管理。主要是基于当前流行的以结果为基础的政府改革（Results-based reform in government）而产生的。尽管以前的结果管理改革有众多不足，但在理论上仍占有明显优势，特别是对于改善决策制定等方面。传统的政府管理以及上述四个管理子系统都是倾向于对投入的管理，没有涉及产出的管理。传统的决策制定者只是在限制投入上精打细算，很少关注要达到什么样的结果，这会导致管理体制缺乏判断力，影响管理者对更好绩效的识别能力。结果管理正是克服了这些弊端。它对以上四种管理的结果进行评估，以监督并改进管理水平。具体关系如图5－1所示：

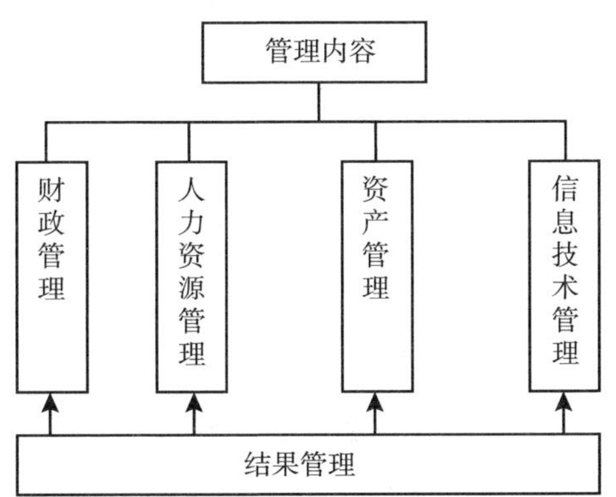

图5－1 “坎贝尔”政府绩效评估框架

20世纪80年代开始了新公共管理运动以及政府再造运动，有关专家建议将绩效管理范围缩小到只评价政府管理的产出和结果（Outputs and Outcomes）。从这个意义上说，政府结果管理就是狭义上的政府绩效管理。结果管理的中心任务之一是要建立绩效信息系统（PIS，Performance Information System）以得到相关的结果管理数据。PIS主要包括以下一些信息：政府范围的视觉描述（vision statement）、核心价值（core values）陈述、代理机构的使命描述、描述性目标、定量的绩效措施和目标等。PIS 将战略规划和绩效管理联系起来，使政府期望的目标能够定量化并可以跟踪。获得信息的途径仍主要通过调查、访谈以及内容分析三种方式，这样可以避免只采取某一种方式可能带来的弊端。调查主要是通过设置一些自由问答以使被调查者能详细描述政府结果管理系统的设计和实践情况。然后研究者就对政府预算、战略规划以及绩效报告进行检查。调查及检查中所需的信息部分地是从政府的文件中获得，目前也越来越多地依赖网络来获得，比如公民对战略规划以及与生活密切相关的一些指标（包括环境、经济、家庭、安全、教育、健康等）的建议都可以通过网络呈交给政府专门设立的数据库。随后，研究者对获得的数据进行客观的分析和评价，并公告于《治理》（governing）杂志上。最后还要访谈相关领导，看他们在实践中特别是在决策制定中如何运用这些绩效信息，如何才能保证运用它们等。GPP 项目组发现各级政府在创建和发布绩效信息方面都投入了大量精力，但是还存在不少问题，经常会出现政府对投入大量精力且种类繁多的各种规划没有进行很好的归类，把高水平的目标转换成定量的措施还是问题重重等。目前面临的突出挑战就是要保证绩效信息一旦创建就能真正有助于决策制定。过去几年中，各级政府在绩效管理上已经取得了显著进步，但还是要投入更大精力以更加充分地释放它的潜在功能。

二、英国政府绩效评估实践

从 1979 年英国政府开始著名的“雷纳评审”开始，到 1999 年推行“政府现代化”，整整 20 年时间，英国进行了一系列旨在提高政府效率、缩减政府规模、改革传统行政体制、追求新公共管理模式的重大改革。主要包括雷纳评审、部长信息管理系统、财政管理新方案、下一步行动、公民宪章运动和竞争求质量运动等。具体可用表 5 - 1 表示。

表 5－1 英国政府绩效评估的主要举措

起始时间	主要举措
1979 年	雷纳评审（Rayner Scrutinies），也称为效率评审（Efficiency Scrutinies）
1980 年	部长信息管理系统（Management Information System for Ministers）
1982 年	财务管理方案（Financial Management Initiative）
1988 年	下一步行动（The Next Steps）
1991 年	公民宪章运动（The Citizen's Charter）；竞争求质量运动（Competing for Quality）
1993 年	基本支出评审（Fundamental Expenditure Reviews）
1994 年 1995 年	政府白皮书——《持续与变革》（Continuity and Change）；《进一步持续与变革》（Taking Forward Continuity and Change）
1997 年	全面支出评审（The Comprehensive Spending Reviews）
1999 年	政府现代化（The Modernizing Government Programme）

资料来源：AndrewMassy，The State of Britain：A Guide to the UK Public Sector，Chartered Institute of Public Finance & Accountancy，1999.

下面对几个主要的改革举措予以介绍。

（1）雷纳评审（Rayner Scrutinies）。雷纳是英国前首相撒切尔夫人上台后任命的效率顾问。20 世纪 70 年代末期，撒切尔夫人坚信公共部门管理亟须改革，可以向私营部门学习经验，于 1979 年发动了大规模的对公共部门组织和管理进行调查和改革的"雷纳评审"。它主要是对政府部门工作进行特定方面的调查、研究、审视和评估活动，评估的重点是政府机构的经济和效率水平。评估内容侧重于顾客服务和质量，评估主体突出公民和服务对象，评估结果公开化并直接向公民和服务负责。改革的核心是公共服务的非垄断化，通过合同外包、特许经营、市场检验等方式推动公共组织和私营部门之间展开竞争，通过客户竞争、内部市场、标杆管理等方式推动公共机构相互竞争。

（2）部长信息管理系统（Management Information System for Ministers）。本信息系统旨在让政府高层领导迅速了解到以下内容：①部里正在做什么？②目标的内容是什么？③谁制定的目标？④负责人是谁？

⑤开展的内容是否有强有力的监督和控制。这为后来推广绩效评估奠定了坚实的基础。

（3）财务管理方案（Financial Management Initiative）。1982 年 5 月，英国财政部颁发《财务管理新方案》，是英国正式推行公共部门组织绩效评估的标志。该方案意在使各部门、各层级的负责人增加对绩效评估活动的理解。第一，使他们明确自己的目标和测定产出与绩效的标准和方法；第二，了解可利用的资源和自己充分利用这些资源负有的责任；第三，获得有效履行职责所需的信息、技能训练和专家咨询。[①]

（4）下一步行动（The Next Steps）。主要包括三个方面内容：①赋予政府执行部门更大的自主性和灵活性；②设立绩效管理执行机构；③绩效管理执行机构与各部大臣签订绩效合同，督促其对行为结果负责。

（5）公民宪章运动（The Citizen's Charter）。主要是通过制定宪章的方式把公共部门服务的责任、内容和标准等公开，全面接受群众监督，从而督促政府提高工作效率、改进服务质量。

（6）竞争求质量运动（Competing for Quality）。主要是建立公共部门竞争机制的制度化，明确提出在公共服务领域引入竞争机制和市场机制，以提高公共部门的工作质量和效率。

总之，在 20 世纪最后 20 年时间里，绩效评估在英国得到了长远且高质量的发展。英国财政部早在 1989 年的一份报告中就确认，在当时的 34 个中央部门中已有 26 个建立了较满意的绩效评估机制，政府各部门为绩效评估而拟出的指标也在不断翻新。1986 年，英国政府各部门为评估拟出的绩效示标总数为 1220 个，1987 年上升到 1810 个，1989 年达到 2327 个，三年翻了一倍。[②] 1999 年，布莱尔首相向议会提交

① 周志忍：《当代国家行政比较研究》，国家行政学院出版社 1999 年版，第 86 页。

② 中国行政管理学会联合课题组：《关于政府机关工作效率标准的研究报告》，载于《中国行政管理》2003 年第 3 期。

《地方政府法案》，其中明确要求中央政府要对所有“最优价值当局”（Best Value Authority，简称BV当局）制定绩效标准和目标，同时要通过签订公共服务协议（Public Service Agreement，PSA）来进行约定。PSA约定的绩效目标分为地方公共服务目标和国家公共服务目标两种。地方公共服务目标是结合各地方BV当局实际设定的，通常涉及国民教育、交通建设、行政财务、居民住房等方面，必须在一定时间内（通常为2~3年）完成。国家公共服务目标是针对中央政府和全国性的公共服务机构而言的，它要求签约部门必须在3年以内达到所约定的绩效目标。2005年，英国政府又将PSA扩展到各地方政府，要求各地方政府与当地政府部门签订LAA（Local Area Agreement，地区绩效协议），并在20个地区开展试点，在试点两年后即2007年，LAA被正式写进《地方政府法案》，得到法律层面的保障。

三、其他国家的政府绩效评估概况

除英、美之外，荷兰、澳大利亚等国也都在不断加强政府绩效评估。荷兰新“市政管理法”要求对地方当局的工作绩效进行评估，以提高效率和服务质量。澳大利亚的公共组织绩效评估是政府行政改革的一个重要组成部分，并且与具体的改革计划和措施融为一体，如财务管理改革计划、项目管理和预算改革、国有企业的民营化改革、政府成本复原计划，等等。设立绩效示标和制定绩效评估方案成为每个政府机构工作计划的一个部分，这些都被正式列入各部门的年度预算文件并公开发布，绩效评估的结果对各部在与财政部预算谈判中的地位产生着重要的影响。据经合组织统计，公共组织绩效评估在丹麦、芬兰、瑞典、挪威、新西兰、加拿大、印度等国也得到广泛的应用。鉴于各国政府对绩效评估的“迷恋”，西方学者惊呼“绩效评估国”正在日益取代着“行政国家”。一位英国专家对此感叹道：“我们已经生活在这样一个时代：一个东西若不能测量，那它就不存在。”①

第三节　我国政府绩效评估的探索与实践②

我国的政府绩效评估起步于20世纪90年代中后期，即我国正式提出建立社会主义市场经济体制目标以后。1999年时任总理朱镕基在《政府工作报告》中提出“进一步转变职能，转变工作方式，转变工作作风，提高工作效率”的要求。2005年，时任温家宝总理在《政府工作报告》中首次正式提出要建立科学的绩效评估体系。2008年，时任总书记胡锦涛在政治局常委会上提出要“推进以公共服务为主要内容的政府绩效评估和行政问责制度”。各地政府从20世纪90年代中期开始陆续探索开展不同形式的政府绩效评估活动。从实践情况看，我国的政府绩效评估大体可分为三种类型：第一种是普适性的政府机关绩效评估。将绩效评估作为特定管理环节，普遍应用于多种公共组织，如目标责任制、社会服务承诺制、效能监察、效能建设、行风评议等。如1994年烟台市实施“社会服务承诺制”，1995年河北实施“干部实绩考核制”，1998年沈阳实行“公民评议政府”，1999年珠海实行“万人评议政府”，2000年广州实行“市民评议政府形象”，2001年南京实行“万人评议政府”、杭州开展“满意不满意活动”，2003年北京实施

① 中国行政管理学会联合课题组：《关于政府机关工作效率标准的研究报告》，载于《中国行政管理》2003年第3期。

② 本节为本书修改出版时新增部分。由于论文初稿写作尚早，当时我国政府绩效评估刚刚起步，尚未能找到成熟案例。近10多年来，我国政府绩效评估活动突飞猛进，学术界也研究和总结了很多案例，为本书的修改提供了重要借鉴和参考，在此一并致谢。

“市民评议政府”活动等。这些都是通过公民参与方式、对政府部门的综合绩效进行评估，应该说为我国政府综合绩效评估开了先河。第二种是行业绩效评估。一般具有自上而下的单向性特征，即由政府主管部门设立评价指标体系，组织对所属事业单位进行组织绩效的定期评估。如卫生部为医院设立的绩效评估体系、教育部门为各级各类学校设立的绩效评估体系（如普通中小学教育质量综合评价、成人中等专业学校评估体系、大学本科教育合格评价体系等）等。第三种是专项绩效评估。组织绩效评估针对某一专项活动或政府工作的某一方面。如在教育部门的普通中小学全面实施的素质教育评价、科技部制定的“高新区评价指标体系”、北京市国家机关网站的政务公开检查评议、江苏省纪委的“应用指标分析方法对反腐败五年目标实现程度的测评”、山西运城市的“办公室机关工作效率标准”等。

经过20多年的发展，目前全国各级政府基本都开展了政府绩效评估。在前文文献综述时已经提到，学术界关于政府绩效的研究也异军突起。从各地政府开展绩效评估的实践来看，以考评主旨为标准，可分为国家层面的政府绩效评估探索、以提高行政效率为核心的评估体系和以提高服务质量为核心的评估体系三大类。

一、国家层面关于政府绩效评估指标的探索

（一）指标架构

原国家人事部于21世纪初期开展了“中国政府绩效评价”专项课题研究，并于2005年将课题成果公开出版。设计了职能指标、影响指标和潜力指标共3个一级指标，经济调节、市场监管等共11个二级指标和GDP市场率、财政收支计划等共33个三级指标，提出了中国政府绩效评价指标体系的初步架构。

表 5－2　　中国地方政府绩效评价指标体系

<table>
<tr><th>一级指标</th><th>二级指标</th><th>三级指标</th></tr>
<tr><td rowspan="15">职能指标（60%）</td><td rowspan="3">经济调节（30%）</td><td>GDP 增长率（40%）</td></tr>
<tr><td>城镇登记失业率（30%）</td></tr>
<tr><td>财政收支状况（30%）</td></tr>
<tr><td rowspan="3">市场监管（20%）</td><td>法规的完善程度（40%）</td></tr>
<tr><td>执法状况（40%）</td></tr>
<tr><td>企业满意度（20%）</td></tr>
<tr><td rowspan="3">社会管理（20%）</td><td>贫困人口占总人口比例（40%）</td></tr>
<tr><td>刑事案件发案率（35%）</td></tr>
<tr><td>生产和交通事故死亡率（25%）</td></tr>
<tr><td rowspan="3">公共服务（20%）</td><td>基础设施建设（40%）</td></tr>
<tr><td>信息公开程度（40%）</td></tr>
<tr><td>公民满意度（30%）</td></tr>
<tr><td rowspan="3">国有资产管理（10%）</td><td>国有企业资产保值增值率（40%）</td></tr>
<tr><td>国有企业实现利润增长率（35%）</td></tr>
<tr><td>其他国有资产占 GDP 比重（25%）</td></tr>
<tr><td rowspan="9">影响指标（20%）</td><td rowspan="3">经济（40%）</td><td>人均 GDP（30%）</td></tr>
<tr><td>劳动生产率（40%）</td></tr>
<tr><td>外来投资占 GDP 比重（30%）</td></tr>
<tr><td rowspan="3">社会（30%）</td><td>人均寿命（30%）</td></tr>
<tr><td>黑格尔系数（30%）</td></tr>
<tr><td>平均受教育程度（40%）</td></tr>
<tr><td rowspan="3">人口与环境（30%）</td><td>环境与生态（30%）</td></tr>
<tr><td>非农业人口比重（30%）</td></tr>
<tr><td>人口自然增长率（20%）</td></tr>
<tr><td rowspan="9">潜力指标（20%）</td><td rowspan="3">人力资源状况（35%）</td><td>行政人员中本科以上学历所占比例（25%）</td></tr>
<tr><td>领导班子团队建设（40%）</td></tr>
<tr><td>人力资源开发战略规划（35%）</td></tr>
<tr><td rowspan="3">廉洁状况（35%）</td><td>腐败案件涉案人数占行政人员比率（30%）</td></tr>
<tr><td>机关工作作风（40%）</td></tr>
<tr><td>公民评议状况（30%）</td></tr>
<tr><td rowspan="3">行政效率（30%）</td><td>行政经费占财政支出比重（35%）</td></tr>
<tr><td>行政人员占总人口比重（35%）</td></tr>
<tr><td>信息管理水平（30%）</td></tr>
</table>

资料来源：桑助来等：《政府绩效评价研究》，中国人事出版社 2005 年版。

其中，职能指标旨在考评政府履行基本职能情况，具有直接性和主体性，考核权重占到60%。经济调节等五个二级指标体现了政府的基本职能，15个三级指标包括了政府履行职能的基本内容。影响指标旨在考评政府管理活动对整个经济社会发展成效的影响和贡献，具有间接性和基础性，9个三级指标较全面反映了民生状况，意在考评政府为社会公众创造的生活条件和福利状况。潜力指标是政府履行职能的基础，旨在反映政府内部管理水平，激励政府加强内部管理和改革，为更好履行职能提供保障。

（二）评分方法

课题组采用专家意见法（德尔菲法）确定各指标的权重。三级指标的评分分定量和定性两种：定量指标包括GDP增长率、财政收支状况、外来投资占GDP比重等，定性指标包括执法状况、领导班子建设、机关工作作风等。在具体评估时，只需评定三级指标的得分，然后分别根据二级指标和一级指标的权重计算出绩效最终得分。

$$二级指标得分=\sum（三级指标得分\times权重）$$

$$一级指标得分=\sum（二级指标得分\times权重）$$

$$总分=\sum（一级指标得分\times权重）$$

二、以考评政府行政效率为中心的绩效评估

这在我国实行政府绩效评估初期使用较多，主要是为了推动政府自身改革、提高运行效率，其中青岛模式和福建模式[①]较为典型。

---

① 参见方振邦、葛蕾蕾：《政府绩效管理》，中国人民大学出版社2012年版，第245页。

（一）青岛模式

1998 年，青岛市委市政府引入目标管理理念，在市级各部门建立了“科学民主的决策机制、责任制衡的执行机制、督查考核的监督机制、奖惩兑现的激励机制”为核心的目标绩效评价体系。从 2003 年到 2004 年，青岛共成立了 11 个考核组，对全市 12 个区（市、县）和 84 个直属部门在 2003 年度的“三个文明”（物质文明、政治文明和精神文明）建设情况进行了评价。青岛这种考评体系具有三大特点：

第一，建立了较完善的目标层次体系和严格的责任机制。将市委市政府各项重要决策、工作目标分解成具体的、可量化的评价指标，自上而下层层分解，“一级抓一级、一级对一级负责”，建立领导目标责任制。

第二，建立了科学、民主的目标制定、审议和考核程序。年初邀请群众代表、专家、人大代表等审议确定初步目标，征求被考核单位意见，最终确定年度考核目标。年中进行跟踪监测，结合实际择机修订。年末由考核组进行考评，确定最终考核结果。

第三，建立了较完善的考核奖惩机制。将单位考核评价与干部评价挂钩，将评价结果量化到每一个市管领导干部，执行不好的会追究责任，甚至降职、待岗和免职。

（二）福建模式

福建模式主要以漳州开展政府效能建设考评为代表，“以提高机关工作效率、管理效率和社会效果为目标，以制度建设、作风建设、业务建设、廉政建设为内容，科学设置机关的管理资源，优化机关的管理要素，改进机关的运作方式，建设廉洁、勤政、务实、高效的机关综合活动。"[①] 漳州市于 1999 年开始加强政府效能建设，2000 年初在福建全省推广，推行初期以建立基本制度、改革审批制度、优化行政流程、建立行政服务中心等为重点，从 2004 年开始正式开展政府绩效评价。福建模式的主要特点有：

第一，设立效能建设领导小组和办事机构，明确绩效管理责任。省级成立以省长为组长的领导小组，在纪检监察机关设立办公室，负责绩效管理的组织实施和协调指导。省直各部门和各区市也成立相应机构。

第二，建立完善的考评奖惩机制。将绩效评价结果作为衡量政府、部门及其领导人工作实绩的重要依据，并与干部使用、评先评优挂钩。

第三，建立了较为系统的政府绩效评价指标体系。以 2005 年考评体系例，主要设定了可持续发展、和谐社会、勤政廉政等 7 个一级指标以及经济增长、黑格尔系数、社会保障、环境质量、依法行政等 28 个二级指标[②]。后来又不断进行完善和修订。

三、以考评政府服务质量为中心的绩效评估

（一）烟台模式

烟台模式[③]的核心是推行社会服务承诺制，将自我约束和社会监督相结合，通过公开承诺和社会监督，形成要求履行契约的外部社会舆论

① 福州市效能办：《试论机关效能建设在构建和谐社会中的作用》（2005 年 9 月）。转引自：方振邦、葛蕾蕾：《政府绩效管理》，中国人民大学出版社 2012 年版，第 246 页。

② 参见黄小晶：《探索开展政府绩效评价，努力推进政府管理创新》，在国务院"加强政府自身建设推进政府管理创新电视电话会"上的发言，2006. 转引自：方振邦、葛蕾蕾：《政府绩效管理》，中国人民大学出版社 2012 年版，第 247 页。

③ 方振邦、葛蕾蕾：《政府绩效管理》，中国人民大学出版社 2012 年版，第 248 页。

压力，进而将这种外部压力转化为提升服务质量的内在动力。1994 年，针对市民反映城市社会服务质量差的问题，率先在市建委推行。次年在市直 12 个部门共 70 多个单位推广，1996 年又增加了 11 个部门，涉及基层单位达 2304 个。烟台市的这种政府绩效考评体系具有以下四个特点：

第一，紧密结合各部门职能定位，科学制定承诺内容和标准。如公众服务单位主要立足于提高社会服务的水平和质量，行政管理部门主要立足于改善工作作风、提高工作效率，公共生产企业主要侧重于改进企业内部管理，重合同、守信用、保质量，这样可以提高履行承诺的可操作性。

第二，抓住热点问题作为承诺的重点。承诺是面向社会大众的，承诺内容必须是大众关注的热点，承诺能否兑现也得依靠社会来评价，这样才能真正显出政府的行政质量。

第三，严格监督，确保承诺兑现。建立了较完善的监督督察体系，建立社会监督网络 63 个，聘请社会义务监督员 712 名，设公开投诉电话 58 部，形成内外结合、全面覆盖的监督网络。同时建立了较完善的考评奖惩机制，将评价结果与干部管理挂钩。

第四，强化内部管理，为实施社会承诺制提供坚实保障。各部门针对社会承诺制都制定了相应的实施细则或办法，对兑现承诺目标都制定了较完善的实施方案和计划。

（二）深圳模式

深圳从 2007 年开始推行政府绩效管理，以“科学合理、公开透明、动态开放、简便易行”为基本要求，以“标杆管理、过程控制、结果导向、持续改进、公众满意”为基本理念，历经局部试点（2007 ~ 2009 年）、全面试行（2010 年）、全面推广（2011 年至今）三个阶段，目前已初步形成组织健全、程序完备、操作规范、运转协调的绩效考评体系。深圳市政府的绩效评价指标由 4 个一级指标、11 个二级指标和 32 个三级指标组成[①]。其中，4 个一级指标覆盖了政府的基本职能范围，包括公共服务、社会管理、经济调节和市场监管等；11 个二级指标包括重点工作、改革创新、社会事业、服务保障、公共安全、环境保护、城市管理、依法行政、经济效益、低碳经济和行政执法等；32 个三级指标主要包括公共服务白皮书、政府投资项目完成率、重大改革及工作创新、财政性教科文卫体人均支出水平、政府督查事项、各类安全事故死亡人数指标控制、城市污水集中处理率、城市市容环境卫生状况、政府储备土地移交率、万元 GDP 能耗、食品安全事故、无证无照发生率等。深圳模式[②]的主要做法是：

第一，建立了高规格的政府绩效管理组织体系。成立了由市政府办公厅、发改委、财政委、监察局、人社局、审计局、统计局等部门组成的市政府绩效管理委员会，市长兼任委员会主任，办公室成员由各委员会单位指定专人参加，集中办公。各试点单位参照这种模式，也成立了绩效管理机构。

第二，制定了简便实用的政府绩效指标体系。围绕市委市政府年度重大工作、重大决策、重大改革、重大投入和政府管理目标，旨在考评各单位的职能职责、行为业绩、管理特色和绩效改进等诸多方面。

第三，建立了较为科学的绩效管理方法体系。采用主观评估和客观评估相结合的方法。客观评估通过各单位报送相关考核数据来考评，主观评估由上级机关、同级机关、下属部门、服务对象以及人大、政协、专家、专业机构、社会公众进行评定，评定方式包括座谈、街头调查、

① 参见朱衍强：《中国地方政府绩效管理研究——以深圳的实践为例》，经济管理出版社 2013 年版，第 267 ~ 271 页。

② 同上，第 65 ~ 74 页。

网上调查、符合性验证等多种形式。在权重分布上，采用层次分析法进行计算，适度增加社会公众评价的权重。

第四，建立了较完备的法规制度。2009 年 8 月，深圳市政府颁布《关于印发深圳市政府绩效评估与管理暂行办法等“1 +3”文件的通知》，对政府绩效管理的框架原则、主要内容、组织机构、指标体系、方式方法和绩效奖惩等进行了明确规定。

由此可见，深圳市政府绩效考评主要有四大特点：一是目标上由注重效率扩展到“绩效优先”，二是价值观上突出“公民导向”，三是方式上重视过程控制与结果导向相结合，四是体系上推动纵向贯通和横向衔接。

除以上典型模式外，各地还开展了形式多样的政府绩效考评活动，如杭州市人民满意机关评选活动、南京市“万人评议政府”活动，兹不一一赘述。

四、以第三方评价为考评方式的绩效评估

顾名思义，第三方评价政府绩效就是由与政府无隶属关系和利益关系的第三方拟订评价标准并组织实施绩效评估活动。甘肃省是我国最早开展第三方评价的省份，也就是著名的“兰州试验”。2004 年，甘肃省政府决定将全省 14 个市州政府及省政府 39 个职能部门的绩效评估工作，委托给兰州大学中国地方政府绩效评价中心来负责组织实施，著名的“兰州试验”由此启动。

从 2007 年开始，华南理工大学政府绩效评价中心每年对广东全省 21 个地级以上城市和 119 个县（市、区）开展绩效评估，并将评估结果通过“红皮书”公开出版，对全国政府绩效评估产生了良好的示范和引领作用，也被称为“广东试验”。这是“兰州试验”的继承和发展。两者的比较如表 5 -3 所示。

表 5－3　　“广东试验”和“兰州试验”比较

比较内容	兰州试验	广东试验
1. 评价主体	省政府委托，非公有制企业作为评价主体，有效问卷 3168 份。	高校学术团队自主选题，满意度调查覆盖全省 23777 位公众。
2. 评价范围	甘肃省 14 个地级市（州）及 39 个省属职能部门	广东全省 21 个地级以上市及 121 个县（市、区）政府。
3. 评价方式	定量（问卷调查）与定性（内部座谈会）相结合	定量研究，40 个源于统计源的客观指标及 10 个满意度调查指标（2007）
4. 评价理念	体现政府治理自“行政为本”向“服务为本”转变	基于满意度导向，建立服务型政府、节约型政府、环保型政府
5. 指标体系	针对市（州）政府，由职能履行、依法行政、管理效率、廉政勤政、政府创新 5 个一级指标，经济运行等 14 个二级指标，40 个三级指标	“促进经济发展、维护社会公正、保护生态环境、节约政府成本、实现公众满意”5 个领域层，38 个内涵层，50 个具体指标
6. 评价结果	形成咨询建议报告	形成年度整体绩效评价指数报告
7. 结果应用	部分成果公开发表，为省政府（委托方）提供咨询报告，服务政府内部管理	出版年度红皮书，全部成果由媒体公开，形成社会压力，作用于被评价对象
8. 技术路径	对非公有制企业抽样调查体制内座谈会等。利用层次分析法建立评价体系及付诸执行	作为层次分析法特例建立指数模型，实现主观与客观指标衔接与印证。针对增量，兼顾存量。以技术创新降低研究成本。
9. 影响因素	委托方负责（领导）人的变化及态度直接影响研究进展	不受政府官员变动的影响，直接对社会及公众负责
10. 主要困难	体制内评价，体现委托方意向，并受委托方支配	体制外评价。受经费约束及其统计数据的缺失或失真的影响较大。

资料来源：郑方辉等：《中国地方政府整体绩效评价：理论方法与“广东试验”》，中国经济出版社 2008 年版，第 344 页。

“广东试验”的技术方案自 2007 年开始设计试行，每年不断改进和完善，到 2012 年形成了比较稳定和完备的政府绩效评估方案。评价指标共分为三级。一级指标包括 5 个维度：促进经济发展、维护社会公正、保护生态环境、节约政府成本和实现公众满意度，基本覆盖了政府应该具备的职能范围。每个维度又分为若干二级指标，每个二级指标又分为若干三级指标，最终形成了以上述 5 个指标为一级指标，以经济增长、质量结构、发展质量、发展潜力、民主法制、公共服务、环保投入、资源消耗、污染治理、环境水平、政府消费、成本控制、公民幸福感、公民满意度等 16 个指标为二级指标，以 GDP 增长率、人均 GDP、营业税收入、实际利用投资增长率、城镇居民人均可支配收入、教育经费占 GDP 比重、人均社保和就业支出、城镇登记失业率、城镇污水处理率、空气污染指数大于 API100 天数、一般公共服务支出占财政支出比重、财政赤字占 GDP 比重、政府部门服务效率等 50 个指标为三级指标组成的政府绩效评估指标体系①。自此，指标体系除每年根据实际情况略加调整外，基本保持稳定，一直沿用至今。

① 参见郑方辉等:《中国政府绩效评价报告（2015）》，新华出版社 2016 年版，第 24 ~ 27 页。

第六章

城市政府绩效的指标构架及度量

在市场经济条件下，政府的主要职能是经济调节、市场监管、社会管理和公共服务，履行职能的方式主要有两种：供给制度和供给资源。开展政府绩效评估就是要衡量政府在制度和资源供给方面是否合理。城市政府担负着整个经济、社会发展的中观调控功能，表现在城市导引、规范、治理、经营和服务等五大方面。[①] 履行方式也主要通过政府决策和公共支出两种方式。因此，衡量城市政府公共绩效也主要从决策绩效和公共支出绩效两个方面来考虑。衡量公共支出绩效相对容易，只是在极少数度量指标的选择上有些难度；衡量决策绩效相对要困难很多，有的决策并直接不引发公共支出，如城市规划、产业结构政策、行业监管政策等，这导致对决策效果的判断相对困难。本书所指的决策绩效就是指这类不直接伴随公共支出而只起引导、规范和协调等作用的决策所带来的“有效产出”。

① 饶会林主编：《中国城市管理新论》，经济科学出版社 2003 年版，第 39 页。

第一节　城市政府决策绩效的指标构架与度量

城市政府决策包括政治、经济、社会、文化等多个方面，其中最重要的是经济决策，其他方面的决策也很重要，但最终或是服务于经济发展，或是反映在生活条件、社会福利等民生状况的变化上。因此，在度量决策绩效时不妨选用能综合反映经济发展状况的经济指标以及能综合反映社会福利水平的指标为代表来进行衡量。本书用人均 GDP 及 GDP 增长率、财政收入及其增长率和人均可支配收入等五个指标来衡量政府决策绩效。

一、经济总量衡量指标

（1）人均 GDP。GDP 是反映经济总量水平的代表性指标，用人均 GDP 来度量政府决策的正确性及效率性，可从总体上判断政府决策的效果。媒体偶有报道批评有些地方政府唯求 GDP 而不顾社会发展和生态保护，这是在反对唯 GDP，并不是否定 GDP 和去 GDP，GDP 的积极作用依然存在。因此本书拟以人均 GDP 作为衡量政府决策绩效的指标之一。

（2）GDP 增长率。我国幅员辽阔，各地经济社会发展条件及历史基础存在很大差距，人均 GDP 受历史因素和地区条件的影响很大。东中西部地区城市的人均 GDP 水平相差悬殊。若单以人均 GDP 来衡量，东中西部一定是依次递减状况，显然这并不是当期政府的绩效。因此，单用人均 GDP 不能全面客观反映政府决策效果。考虑同时使用“GDP 增长率”指标，就可以避免这一问题。增长率排除了发展条件和历史因素对经济发展的影响，使各城市都具有可比性。当然，增长率指标也有局限性，就是发达地区由于上年基数高导致其报告期增长率可能会比发展中和欠发达地区低。但前述的“人均 GDP”可弥补这一缺陷。由此可见，人均 GDP 及 GDP 增长率可相互补充，使不同发展水平的地区和城市得到客观、公正的评估和比较。

二、综合财力衡量指标

(1) 财政收入。财政收入是衡量政府财力的主要指标，它来源于国民收入的分配和再分配，是政府供给制度和资源的重要基础。它受经济发展水平、生产技术水平以及分配制度等众多因素的影响，能综合反映决策的有效性。以投资决策为例，按 GDP 统计方法，增量投资都被计入，而不管该投资是否合理，有时甚至是“沉淀”投资。财政收入正是衡量投资和 GDP 增长质量的重要指标，如果投资能产生税收（包括直接产生税收和间接引致税收），就意味着这项决策导向是正确的。

(2) 财政收入增长率。采用该指标的原因和上述采用 GDP 增长率的原因类似，都是为了避免上年基数对本年评估的影响。

三、居民生活质量衡量指标

人均可支配收入是反映居民生活质量的核心指标，也是政府决策的最终归宿。它受城市经济发展水平、经济运行质量、个人劳动能力、就业政策、社会福利政策等多种因素的影响，政府决策是其中的最重要因素之一。

四、产业结构调整衡量指标

在转型期，产业结构调整是每个城市政府都追求的战略目标和重要决策内容之一，基本上都是以增加第三产业比重为主要方向。因此，拟将第三产业增加值占 GDP 比重作为衡量该项决策的指标。

综上所述，政府决策绩效可以通过人均 GDP 及其增长率、财政收入及其增长率、人均可支配收入和第三产业增加值占 GDP 比重这五个指标来综合反映，用公式表示为：

$$P_{GD} = f\left(\overline{G},\ G',\ I_f,\ I_f',\ \overline{I_d},\ \frac{G_t}{G}\right)$$

其中，$G' = \frac{G_{(t)} - G_{(t-1)}}{G_{(t-1)}}$，$I_f' = \frac{I_{f(t)} - I_{f(t-1)}}{I_{f(t-1)}}$

（$I_{f(t)}$ 表示第 t 年财政收入，t 表示计算年度）

式中，G 表示 GDP，$\overline{G}$ 表示人均 GDP，G'表示 GDP 增长率，I_f 表示财政收入，I_f'表示财政收入增长率，$\overline{I}_d$ 表示人均可支配收入，G_t 表示第三产业增加值。

第二节　城市政府公共支出绩效的指标构架与度量

公共支出可按职能和经济性质分别进行分类。在 2007 年财政收支科目改革以前，按职能分为经济性支出（如对交通、能源等基础设施的支出以及各行业的经济建设支出等）、社会性支出（如教育、医疗卫生、社会保障、公共安全等）、一般性政府支出（如行政和立法、执法、司法等机构的支出等）和其他支出（如利息支付、转移支付等）。

按经济性质可分为经常性支出（包括产品和服务支出、工资、薪水、社会保障、转移支付、利息支付等）和资本支出。2007 年财政收支科目改革也是按职能和经济性质进行了重新分类，根据 2017 年《政府收支分类科目》①，财政支出按功能分为一般公共服务支出、外交支出、国防支出、公共安全支出、教育支出、科学技术支出、文化体育与传媒支出、对外援助支出、社会保障和就业支出、医疗卫生与计划生育支出、节能环保支出、城乡社区支出、农林水支出、交通运输支出、资源勘探信息等支出、商业服务业支出、金融支出、国土海洋气象等支出、粮油物资储备支出、住房保障支出、援助其他地区支出、转移性支出、债务还本支出、债务付息支出以及债务发行费用支出等共 26 类科目。按经济性质分为工资福利支出、商品和服务支出、对个人和家庭的支出、对企事业单位的补贴、转移性支出、债务利息支出、债务还本支出、基本建设支出、其他资本性支出和其他支出等 10 类科目。本书拟从公共支出的总量和结构这两个方面来衡量其绩效。

一、公共支出总量绩效度量

政府支出与 GDP 有着直接的关系。康学军等（2001）采用普通最小二乘法（OLS）并利用科克兰内—奥卡特（Cochrane - Occult）法克服自相关，对我国 1978 ~ 1999 年的财政支出与 GDP 的关系进行了静态和动态分析。结果表明，中央财政支出和地方财政支出与 GDP 的静态产出弹性②分别为 0. 1540 和 0. 4423。而滞后三年期的动态产出弹性分别为 0. 3655 和 0. 9757。这说明滞后三年期的地方政府财政支出对 GDP

① 中华人民共和国财政部制定，《2017 年政府收支分类科目》，中国财政经济出版社 2016 年版。

② 指财政支出每增加 1% 所引起的 GDP 增加的百分数。

有很强的带动作用,[①] 通过静态分析也可以看出，地方财政支出对当年 GDP 也具有很强的带动作用，这说明财政支出在总量上对经济发展有着重要影响。故在衡量公共支出总量绩效时，可选择 GDP 相关指标为衡量标准之一。不妨用 GDP 与财政支出总额的比值来衡量政府公共支出的总量绩效。它反映了一单位的财政支出能带来多少单位的 GDP，是从总体上对财政支出质量的一种评价。用公式表示如下：

$$P_{GE(g)} = \frac{G}{E_f}$$

式中，$P_{GE(g)}$ 表示政府公共支出的总量绩效，G 表示 GDP，E_f 表示政府财政支出总额。

二、公共支出结构绩效度量

公共支出的最主要用途是生产公共物品以弥补市场缺陷。如何度量公共支出所产生的效果，是学术界多年探讨未决的话题。本书拟从公共产品和公共服务两个角度对公共支出绩效作详细探讨。

（一）公共物品概述

1. 公共物品[②]的界定

公共物品概念最初是由林达尔（R. E. Lindahl）于 1919 年提出，

① 参见康学军主审、侯荣华主编：《中国财政支出效益研究》，中国财政经济出版社 2001 年版，第 72 ~ 75 页。

② 公共物品是由 “public goods” 翻译而来，是相对于私人物品（private goods）而言的。有文献将其译为“公共产品”。本书采用前一种说法，且从消费观上将其分为公共产品和公共服务两种。

后来分别在1953年和1954年被萨缪尔森在两篇精湛的论文中加以发挥。[①] 目的主要是解决集体消费物品的定义、所需资源的最佳配置以及如何设计税收体系来有效筹集这些物品的财源等三个问题。后来有多位经济学家，如奥尔森（M. Olson）、布坎南（J. M. Buchanan）等，都对公共物品下过定义，但都没有统一说法。目前被广为接受的还是萨缪尔森以公共物品的两大特征——消费的非竞争性和非排他性所进行的界定。非竞争性就是指消费者消费某产品时并不影响其他消费者同时从该产品中受益，即增加一个消费者所引起的边际成本为零。非排他性是指在产品消费中很难将其他消费者排斥在外。当然，这是纯粹意义上的公共物品，如国防、社会治安、消防等便属于此类；有些公共物品并不一定严格同时具有这两大特征，也属于公共物品范畴。具体表现为以下三类：一是具有排他性和一定范围内非竞争性的“俱乐部产品（club goods）”，如桥梁、公园、图书馆、博物馆等。二是具有竞争性和非排他性的“公共资源（common resources）”，如公共牧场、公共渔场等。这两类通常被统称为“准公共物品”。三是非排他性和非竞争性皆不完全的“混合公共物品”，[②] 这类一般是具有较大正外部效应的产品，如教育、卫生、科技等。

2. 公共物品的分类

按消费形态可分为公共产品和公共服务，按特性可分为纯公共物品、俱乐部物品和公共池塘资源物品，按消费空间可分为全国性公共物品和地方性公共物品，按供给主体可分为国有公共物品和私人公共物品。[③] 本文以使用较多的一种分类法即按消费形态分类进行探讨。从消

① Samuelson, P. A. (1954, November), “Pure Theory of Public Expenditures”, Reviews of Economics and Statistics, 36, pp. 387 - 389; Samuelson, P. A. (1955, November), “Diagrammatic Exposition of a Theory of Public Expenditure”, Review of Economics and Statistics, 37, pp. 350 - 356.

② 也有学者将纯公共物品以外的公共物品都称作混合公共物品。

③ 乔林碧等主编：《政府经济学》，中国国际广播出版社2002年版，第79页。

费形态看，公共物品分为公共产品和公共服务两个方面。公共产品是指满足人们物质消费需求的物品，大多具有明显的外在物质表现形式，人们所消费的是物品自身的物质性使用价值，主要包括基础设施、广播电视、交通运输、路灯、公园等。公共服务是指满足人们精神消费需求的物品，一般不具有外在的物质形态，人们对它的消费是和物品自身的生产过程混合在一起的，而且消费活动并不和一定的物质运动相连接，主要包括教育、公安等。

3. 公共物品的供给

公共物品的非竞争性即消费的边际成本为零意味着供给者不应该向消费者收费，理性的私人厂商绝不会供给这类产品；而非排他性造成的“免费搭车”心理又使得理性消费者不会通过市场来购买造成供给者无法定价和提供。这些特殊性质使得市场机制对公共物品的供给显得无能为力，政府介入就成为一种自然和必然的结果。

对于纯公共物品，如国防、治安、消防等，政府必须直接提供，所需资金主要是通过税收等强制性手段来进行筹集，当然并不排除消费者自愿捐献甚至是成本分担的可能性。对于混合性公共物品，政府就不必独家供给，可根据具体情况分别采取相应的筹资方式。对于“准公共物品”，可以在政府和市场二者之中选择其一。具体就是比较二者中谁能够带来更大的社会净效益，取大舍小。当消费者获得的消费效益（R）不变时：

若由政府提供，该公共物品的建设成本（C）由政府来承担，假设政府通过税收来筹集资金，在征税过程中要发生征税成本（D）以及税收的效率损失（E），这样由政府提供带来的社会净效益（I_g）为：

$$I_g = R - C - D - E$$

若由市场提供，其建设成本就得通过收费来弥补。收费过程中也会发生收费成本（F），此外，收费还会使消费量减少而造成效率损失（S），由此可得由市场提供时的社会净效益（I_m）为：

$$I_m = R - C - F - S$$

可以看出，“准公共物品”究竟由政府还是由市场提供，主要就在于税收成本及其效率损失之和与收费成本及其效率损失之和的高低，舍高取低。

对于混合公共物品，由于一般具有外部效益，使得消费时个人边际效用曲线和社会边际效用曲线发生分离，前者低于后者。因此，公共物品若由市场提供，就会造成供给不足；若由政府提供，就会出现相反的现象，即过度消费。因此，政府和市场皆不能单独充当提供者。为保证个人效益和社会效益均达到最大，可行的办法是政府根据社会边际收益和边际成本所决定的最佳产量上的产品的外部效益，对消费者进行补贴，以鼓励购买者增加购买量，进而扩大社会净效益。也即对个人边际效益和社会边际效益之间的差额部分进行补贴以使二者一致，这样就克服了市场单独提供的效率损失以及政府单独提供的资源浪费两种弊端，个人效益和社会效益均实现最大化。这种提供方式也被称为“部分公共提供”，也就是由市场和政府共同提供。

需要说明的是，大多数公共物品从职能上来讲都得由政府提供，但有很多并不是由政府直接来生产，它可以通过一定的方式转让给私人部门。特别是在发达国家，这种模式相当普遍，具体形式也多种多样，如同私人部门签订协议、授予经营权、经济资助、政府参股、提供专门法律保护等，这样更易于提高公共物品的运营效率。

4. 城市公共物品的特性

城市公共物品就是指位于城市范围内主要以城市政府为供给主体，被全体市民享用（但非独享）并具有一般公共物品特征的、城市生存和发展不可或缺的产品。[①] 它属于区域性公共物品范畴，比如城市基础

① 王晶：《城市财政管理》，经济科学出版社 2002 年版，第 64 页。

设施、科教文卫事业、社会治安、生态环境等。由于它位于城市范围内，因此具有比较独有的特征，如空间上的高度密集性、使用高效性、受益范围有限性和空间溢流性。在供给方式上，也可以采用政府单独提供或政府与市场共同提供等多种方式，具体采用哪种可按照前文一般公共物品的提供标准来甄别选择。

（二）城市公共产品绩效的度量

同其他公共物品一样，城市公共物品也可以按消费形态分为城市公共产品和公共服务两个方面。这里先探讨城市公共产品的绩效度量。

1. 城市公共产品绩效的指标构架

公共产品绩效应包括经济绩效和社会绩效。经济绩效是指政府投资公共产品的成本—效益状况，是把政府看作一个理性经济人而言的；社会绩效是指政府投资建设公共产品给社会公众带来的福利效应。在度量私人产品的产出价值时，可以直接以销售数量和价格之积来表示。而在度量公共产品产出价值或者说绩效时就不能直接沿用这一模式，因为在大多数情况下公共产品的价格难以确定。

对于经济绩效的度量，可以分两步进行。首先采用净现值法（NPV）对各项目进行成本—效益分析。然后再以 NPV 与当期财政收入之比来衡量该项目的经济绩效。采用相对标准主要是为了不同城市之间在比较上的方便。因为不同城市在建设公共项目时，即使决策都是正确的，但由于客观条件差异，如人流量、车流量等，同一种项目带来的收益往往是不一样的，即使成本相差无几。采用相对指标就可以排除这些自然、历史因素对绩效比较的干扰。选用财政收入作参照系，一方面是因为财政收入和 NPV 都受到不同城市的自然、历史因素的影响，二者相比就可以将其排除；另一方面，项目的支出也大多是来自于财政收入，NPV 与财政收入的比值是一种以整个城市为基础的收入增值率，即衡量其资金利用的效果，是类似于资金利润率的一种指标。这里不宜选用 GDP 作为参照系，其原因在度量决策绩效时已作了说明，因为 GDP 可能包括因决策失误而引起的资产沉淀，这不能作为绩效因素考虑在内。也不宜选用项目本身的成本来参照，因为项目成本不会受到自然、历史等因素的影响，即不同城市在建设相同项目时其成本或许相差无几，而收益则可能相差悬殊，因此不具有可比性。

对于社会绩效的度量，可以直接用公共产品消费状况的有关指标来衡量，如人均道路拥有面积、人均生活用水量、人均生活用电量等。在多数情况下，人们对公共产品的拥有量（或者说消费量）越多，从中得到的效用就越好，说明政府在相关公共产品的建设上取得的社会绩效就越大。当然，人们对公共产品的消费也是有一个“饱和度”的，在达到这个“度”以前，是消费得越多越好；一旦超过这个“度”，再继续增加供给，社会效用并不会同步增加。试想如果政府为追求社会绩效，肆意加强这方面的建设，就会出现资源闲置和浪费现象，这并没有改善社会福利状况，也根本不能谓之曰提高了政府绩效。这种现象比较类似于化学中的“饱和”溶液现象。其含义是，任何一种可溶物品相对于一种溶剂都有一个固定不变的溶度（指该溶质在溶剂中的最大可溶数量）值，在达到该溶度值之前，随着溶质的增加，该溶液的浓度会不断增加，但一旦浓度达到溶度值，再加入的溶质便不会被溶剂溶解，其浓度也是保持在溶度值不变。这意味着在浓度达到溶度之后继续加入的溶质是浪费的。这时的溶液便称为达到饱和状态，也称该溶液为饱和溶液。对公共产品来说，每种产品的人均最佳需求量也是相对不变的，在达到这个标准以前，是越多越好；一旦达到这个标准之后，如果再增加这方面的建设，便会适得其反，造成资源的浪费和闲置。

其实，测量公共产品 NPV 也是对公共产品是否达到饱和度的一种检验，并且潜在象征着公共产品的社会绩效。试想如出现过度建设，使用量就会降低，出现“入不敷出”现象，NPV 值就会出现负值；当 NPV 值为零时，就说明该公共产品已达到饱和状态，不宜再建设；当 NPV 值大于零时，说明该产品还有足够的需求，增加该产品的建设会改善社会福利，就可以继续扩大规模。因此，NPV 值既是对公共产品的成本—效益或者说经济绩效的分析，在一定程度上也意味着该公共产品的社会绩效。

2. 城市公共产品的绩效计算

按照上述的指标构架，用 NPV 来衡量公共产品绩效，具体分两步进行。

（1）测算项目净现值（NPV）。NPV 是一种动态评价成本—效益的方法。它考虑到货币的时间价值，将项目发生在不同时期的现金流入、现金流出与净现金流入（现金流入减现金流出）经过贴现后进行计算。计算公式为：

$$NPV = \sum_{i=0}^{n} C_i(1+R)^{-i} + C_t(1+R)^{-i}$$

式中，C_i 为项目的净现金流量，等于该投资项目在第 i 年的现金流入同现金流出（包括初始投资）之差。如果 C_i 大于零，说明该项目在第 i 年的现金流入大于现金流出，带来了正收益；否则，即小于或等于零，则说明该项目在第 i 年是亏损或保本。对公共产品来说，特别是经济建设项目，在初始几年里，C_i 一般会小于零，因为刚建成的收益通常要低，不能弥补巨大的初始投资；但如果该项目规划合理且运行、维护得当，每年的净现金流量必然会逐年增多，即 C_i 越来越大；若干年之后，随着该项目的设施逐步老化以及运营环境等多种因素的变化，C_i 又会逐渐变小。对于经营性公共工程项目，有实际现金流入，可以根据实际运营状况进行估算。对于非经营性公共项目，如修建非收费公路、立交桥等，每年并没有实际现金流入，这时只能根据实际运行情况，如车流量、节约的时间成本等，依据一定的收费标准对其进行估算。也就是说，以一定的“虚拟现金流入”来计算，而现金流出则还是以实际的流出为标准，如该项目每年需要的维修费用、保护费用等。

式中的 C_t 为项目寿命终了后残余经济价值，R 为贴现率，当市场利率可以反映资源使用的机会成本和各时期收入的相对价值、并没有税收扭曲时，社会贴现率就等于市场利率。NPV 就是按统一的贴现率折现为基年（第 0 年）的项目净现值总和。这种方法本来是用来判断一种项目是否可行的手段。即只有 NPV >0 的项目才具有可行性。NPV 值越大，说明该项目的经济效益越好，反之则越差。这里用它来衡量政府公共产品绩效也是比较合适。

前面已提到，在计算公共产品 NPV 时，不仅只考虑直接经济效益，还要考虑社会效益，即它给社会带来的一些间接效用，如时间的节约、环境的改善、疾病的减少等。根据一定标准来对其估算还是可行的。以污水河流治理为例，通常它本身不直接带来经济效益，但治理后的河流使周围的生活环境、区位价值都得到了提升。一方面会吸引更多的人来休闲、旅游，产生社会效益。虽然不收费，但可以选择一定的参照系，如参照同等“收费公园”的标准，依据每天的人流量来估算这些“虚拟收入”；另一方面，它可能使周围的地价得以提升，带来直接的经济效益，且这方面资料的统计也并不困难。因此污水河流改造后的现金流入就应是那些“虚拟收入”和引起的地价上升价值之和。当然大多数项目还是经济因素占主要部分，且这样的工程往往也耗资巨大，如大型桥梁、城铁、地铁的修建等，这种项目在计算 NPV 时也要便利得多，因为其现金流入、流出都比较直观，便于计算。国家发改委早在 1987 年就将 NPV 确定为我国建设项目财务评价的基本指标，这说明该指标在操作上还是可行的。

（2）测算公共产品绩效。有了项目的 NPV 值，计算其经济绩效就比较容易。只要将 NPV 与财政收入相比就可以得出，它占财政收入的比重越大，就说明该项目的经济绩效越高。即：

$$P_i = NPV/I_f$$

式中，I_f 表示当期财政收入，i 表示第 i 个项目。

在计算单个项目绩效的基础上，就可以对所有项目的经济绩效进行加权平均，得出城市公共产品的总体绩效。即：

$$P_p = \frac{P_i}{\sum_{i=1}^{n} P_i} \cdot P_i \quad (i=1, 2, \cdots, n)$$

式中，P_p 表示当期政府建设公共产品的经济绩效，P_i 表示项目 i 的绩效。

需要说明的是，城市公共物品的投融资机制正在不断健全，很多公共产品并不是由政府全部出资，有一部分是由市场提供。因此理论上讲公共产品绩效不能全列入政府公共支出绩效范畴，需将市场供给部分扣除。为分析方便，本书暂且忽略“市场供给”这一因素，仍将公共产品绩效全列入政府公共支出绩效范畴。

（三）城市公共服务绩效的度量

根据 2017 年政府收支分类科目，财政支出按功能共分为 26 类。在度量各科目的绩效时，可根据支出的主要内容分别归属于公共决策绩效、公共支出总量绩效、公共产品绩效和公共服务绩效等四大类别来分别度量，其中前三类在前文已探讨了度量方法，对于公共服务绩效可根据支出性质分别选择合适的指标进行度量。

具体说来，城乡社区支出、农林水支出、交通运输支出、国土海洋气象支出、住房保障支出可归属于公共产品绩效范畴并使用相应方法进行度量；一般公共服务支出、外交支出、国防支出、粮油物资储备支出、金融支出、预备费、其他支出可归属于公共支出总量绩效范畴；援助其他地区支出、转移性支出并不在本地区直接产生绩效，可暂不衡量；债务还本支出、债务付息支出和债务发行费用支出属于对曾经债务的偿还以及新增债务发生的费用，处于还本期的债务及付息多是用于已经建成的公共产品，其绩效已开始综合体现，在计算期兹将其归属于决策绩效范畴；除上述之外的剩余支出类别外都属于公共服务绩效范畴，下面分别选择合适的指标来进行度量。

1. 科学技术支出绩效

科学技术支出绩效就是衡量政府科研事业支出对科学技术进而对经济和社会发展的作用。从构成上看，它包括科学技术的基础研究、应用研究、技术开发、科学技术普及、科技交流与合作、科技重大项目等共 10 个款别。经济学先驱都已充分认识到科学技术对经济发展的重要作用。著名的柯布—道格拉斯生产函数已开始考虑技术进步对产量的影响，但它没有详细解释科技进步的意义。哈罗德—多马模型假定技术水平不变，不过在考虑经济长期波动时，认为技术进步与人口增长一起是影响经济波动的因素。索洛—斯旺模型将技术进步作为经济增长的外生因素。此后，以罗默为代表的新经济增长理论突破性的将技术进步内生化，提出在技术进步下，资本边际效益呈递减规律，经济增长率与研究开发部门的生产率成正比，也与人力资本存量成正比。这样，科技进步的效益就可以度量。康学军等（2001）在不考虑时滞的情况下，以当年的科学研究费支出为解释变量，以当年 GDP 作为被解释变量，以我国 1978 ~ 1999 年的历史数据为样本进行了线性回归分析，发现科技进步对经济增长的贡献率为 39.08%。[①] 这说明科技支出对经济增长的显著推动作用。

这是以历史数据为样本做的回归分析，意在表现科技支出对科技进

① 参见康学军主审、侯荣华主编：《中国财政支出效益研究》，中国财政经济出版社 2001 年版，第 129 ~ 145 页。

步进而对经济增长的推动作用。本书目的是要对当期科研支出进行衡量并使其具有可比性，大多以一个统计周期（通常为一年）的资料为样本，不具备线性回归分析的基础条件。因此不宜采用线性回归方法来分析每年科研支出对经济增长的绩效。而且科技支出对经济增长的贡献存在滞后期，且有时滞后时间还很长，因此也不宜以科技进步对经济增长的贡献率作为衡量指标。

对于通常用以比较各地科研实力的一些指标，如科研机构数量、每万人中科学家、工程师人数、科研经费支出占 GDP 的比重等，也不宜被采用，因为一方面它们受基期因素的影响较大，更重要的是另一方面它们只是反映当期的一种科研条件，而并不能反映科研成果或者说科研绩效。由此，能衡量科研支出绩效的指标应只有当期重大科技成果的数量、申请三种专利授权量以及技术转让交易额等三种指标。它们是真正能近期转化为现实生产力的技术，所形成的高新技术产品能切实促进经济与社会发展。在上述三个指标中，前两者（即重大科技成果的数量、申请三种专利授权量）与第三个指标（即技术转让交易额）有可能存在重复计算。因为如果它们在后来的技术交易中都被转让出去，转让金额会被计入转让期的“技术转让交易额”中。另外，这些科技成果及专利可能会因为它没有实践价值而永久得不到转让，这样的研究不具有实际意义。鉴于此，这里只采用与第三个指标相关的，即技术转让年实现利税额占财政收入的比重来度量科研支出绩效。即：

$$P_r = \frac{T_r}{I_f}$$

式中，P_r 表示政府科研支出绩效，T_r 表示技术转让年实现利税总额，I_f 表示当期财政收入。

2. 教育支出绩效

对教育支出绩效的研究起源于 20 世纪 60 年代舒尔茨创立的人力资

本理论。舒尔茨对美国 1929～1957 年的国民收入进行统计分析时发现，国民收入增量中有 33% 来自教育的贡献；后来丹尼森对同期的数据作了更加精确的分解计算，发现美国经济增长中有 23% 是由教育引起的。教育本身是一种特殊的混合公共物品，它一方面使受教育者提高了自身素质和竞争能力，能使自己获得更高的物质收入和更多的精神享受；另一方面，它又通过受教育者使教育收益外溢给社会，提高了全社会的劳动生产率，提高了民族文化和道德素养。由此可见，教育收益存在直接和间接两方面。给受教育者自己带来的收益就属于直接收益，而通过受教育者给社会带来的收益则属于间接收益。本书探讨的是政府教育支出绩效，应主要分析教育支出的间接效益，即受教育者给社会带来的收益。显然，教育支出收益存在滞后期问题，且受教育时间越长，滞后期通常也会越长。因此，衡量教育支出绩效必须考虑时间因素。

康学军等（2001）以我国 1978～1995 年的教育支出和 1981～1998 年的 GDP 数据为样本——考虑到我国学制的实际，大学为一般为 4 年，中专及职业教育一般为 2 年，将教育支出对经济增长的贡献滞后期设为 3 年，对我国教育支出与 GDP 的关系进行了回归分析。结果表明：前期三年和前期两年的教育支出对当期 GDP 影响均较为显著，且呈正相关关系；而前期一年的教育经费支出对当期 GDP 的影响不是很显著。同时康学军也以当期教育支出为被解释变量，以当期 GDP 为解释变量，用科克兰内—奥卡特二阶段迭代法克服自相关，对教育支出与 GDP 进行了回归分析，发现当期教育支出对当期 GDP 有显著影响。① 也有学者从静态角度对教育投资效益作了较深入分析，如厉以宁、韩宗礼、靳希彬等，都选用了一些静态指标如受教育者的能力工资、发展潜力、知识

① 参见康学军主审、侯荣华主编：《中国财政支出效益研究》，中国财政经济出版社 2001 年版，第 114～115 页。

更新率、教育成果的数量指标及质量指标、教育事业计划完成指标以及仪器设备使用率等。还有学者用平均考试分数、按时毕业率和就业率等指标来进行度量。这些指标的一个共同特点是它们都是从一定程度上直观反映了教育支出的直接“产出”，而不是考虑教育支出的最终收益。

其实，动态分析和静态分析都各有特点。动态分析的结果是为了证明教育支出对经济增长有着正相关影响，这是教育支出的最终目标；而静态分析是对教育支出带来的直观效果进行评价，类似于教育支出在实现最终目标过程中的一种中间指标，这些指标对经济增长也有着直接影响，在一定程度上也反映了教育支出的一种绩效。采用静态分析的优点之一是便于考核和比较。基于本书的研究目的，在此也采用静态指标为衡量标准。

不管教育支出对受教育者个人带来的收益还是对社会的外溢效应，最终都主要体现为经济增长。因此，不妨用 GDP 与教育支出的比值来衡量教育支出绩效。即：

$$P_e = \frac{G}{C_e}$$

式中，P_e 指教育支出绩效；G 指度量期 GDP，C_e 指教育支出规模。该式意味着一个单位教育支出能引致产生多少单位的 GDP。这在一定程度上说明了政府进行教育支出所产生的最终效果。康学军（2001）等也认为可以用这一指标来代表政府教育经费的绩效。

初看起来这种绩效度量方式太笼统，其他支出绩效也可以采用该指标，因为促进经济增长是政府每项支出的最终目的之一。但教育支出有其特殊性，即教育经费的沉淀成本很小。各教育单位都会按照教学计划来完成教学任务，不同学校可能会因为师资等因素的差异导致教育质量不同，但所受教育对其个人乃至社会经济的发展都是有益的——尽管不同人可能会因为受教育程度的不同而有所差异。但总体看来，它们都是教育支出绩效的体现。这意味着教育支出基本都是有效支出。因此，可

以直接以教育支出对 GDP 的影响来作为绩效衡量指标。而对于其他支出由于可能存在沉淀成本就不宜直接用其对 GDP 的影响来度量绩效。

此外，对于政府文化体育与传媒支出的绩效，如市立图书馆、影剧院等各种文化娱乐设施，它们和教育支出的性质比较相似，因此，也可以采用类似教育绩效的度量方法。即：

$$P_c = \frac{G}{C_c}$$

式中，P_c 表示政府文化支出绩效，G 指度量期 GDP，C_c 表示政府文化支出规模。

3. 医疗卫生支出绩效

马斯格雷夫（R. A. Musgrave）在解释财政支出不断增长的原因时曾经说过，随着人均收入的提高，资源可能被用于满足卫生、教育、保健等更高层次的需要，这会导致这些需求本身以及与之相关的领域对公共产品的需求也逐渐增加。一般说来，政府对医疗卫生的支出可分为预防服务、医疗服务两个方面。预防服务表现在安全饮用水、传染病以及一般病菌等疾病传播媒介的控制方面；治疗服务表现在医院建设（包括设施的建设和设备的供给等）以及对部分人群的医疗补助等方面。但有些支出两者兼有，即既有预防目的，也有医疗目的，如对肺结核等具有负外部效应的医疗服务的支出。医疗研究支出也属此类，它也可以分为预防性研究和医疗性研究两方面。

衡量卫生支出的绩效指标较难界定。原因有二：第一，健康的价值难以定量。卫生支出的目的就是要增进人们身体健康，但健康的价值很难定量评价。第二，生命的价值很难定量评价。一个人的生命受着众多因素影响，而且生命价值也是因人而异，特别是一个人的价值并不仅仅只受健康的影响，具有同等身体健康程度的两个人，生命价值或许会有天壤之别，因为其工作能力、奉献程度等方面的差距太大。尽管如此，学者们还是绕过种种难关作了一些尽量精确的描述。目前被用得较多的卫生支出绩效指标主要有万人拥有医生数、万人拥有病床数等。这些指标也只是对现有医疗条件的一种描述，并不能衡量卫生支出所产生的效果。正如前文所云，卫生支出的目的是要改善人们的健康状况。试想如果病人增加了，政府对医疗的支出进而对医疗设施的投资随之扩大，医生和病床的数量便会不断增加；如果医院不根据病人的需求量而肆意增加医生和病床数——就得出结论说卫生支出绩效提高了，这明显不合逻辑，更不符合卫生支出的最终目的。

因此，本书拟采用人均医疗费用（包括疾病性和非疾病性医疗费用）的变化量与政府卫生支出规模的比值来衡量卫生支出绩效。之所以要将医疗费用分为两种，是因为它们在反映政府绩效时呈现相反的特征。对于疾病性医疗费用来说，它与人们的健康状况呈反向变化，即若这方面费用减少，就说明人们的健康状况在改善，意味着政府在这方面支出产生了好的绩效；反之亦然。而对非疾病性医疗费用（如医疗保健费等）来说，它并不能直接反映人们健康状况的优劣，但在一定程度上能反映出政府医疗支出的绩效。人们在这方面支出越多，说明政府有关医疗保健支出的绩效就越高。试想如果政府在医疗保健方面作了很多投资（包括研究和硬件投资）而并没有多少人去“光顾”，说明政府在这方面的支出失策，也即绩效很低。

由于疾病性医疗费用和非疾病性医疗费用与政府绩效的关系刚好相反——前者呈反向变化，后者呈同向变化，因此，在具体度量时，可将疾病性医疗费用的变化量变换成相反数——若这方面费用减少了便是正数，增加了便是负数——这样就和政府绩效呈同向变化，然后再和非疾病性医疗费用的变化量相加，二者之和再与政府卫生支出相比，就能够较客观地反映出政府卫生支出的绩效。即：

$$P_h = \frac{\Delta\bar{C}_{hc} - \Delta\bar{C}_{hs}}{C_{hg}}$$

式中，P_h 表示政府卫生支出绩效，$\Delta\bar{C}_{hc}$表示人均非疾病性医疗费用变化量，$\Delta\bar{C}_{hs}$表示人均疾病性医疗费用变化量，C_{hg}表示政府卫生支出规模。它和分母（C_{hg}）即政府对医疗卫生支出的比值意味着每单位政府卫生支出所带来的人均医疗费用的变化，也反映了政府卫生支出对人们健康状况的影响程度。

4. 公共安全支出绩效

城市公共安全主要就是表现在社会治安综合治理状况方面。衡量这方面的绩效比较方便，可用城市万人刑事案件立案率以及刑事案件破案率来衡量，这也是众多学者在衡量治安状况时采用的指标。前者主要反映了城市当期的治安状况，立案率越高，说明治安环境越差，反之亦然。后者主要反映了城市治安机构的办事效率。若办案效率高，一方面是对影响治安状况当事人的一种惩罚，另一方面也是对潜在犯罪者的一种威慑。将上述两个指标结合在一起就能较全面反映出政府的公共安全绩效。若只用一个指标，如破案率，假设破案率很高，但其案件数也很多，由此就说该城市的治安状况好，这明显不合理；只采用立案率也会出现同样的悖论。之所以用万人刑事案件立案率而不用案件数，这主要是因为城市人口（包括流动人口）对发案数有很大影响，人口多的城市同人口少的城市相比，其发案概率理论上会高一些。因此，采用上述两个指标来衡量政府社会治安综合治理绩效才比较合理。用公式表示：

$$P_s = f(1 - R_{cp}, R_{cc})$$

$$R_{cp} = \frac{S_{cp}}{P}, \quad R_{cc} = \frac{S_{cc}}{S_{cp}}$$

式中，P_s 表示城市公共安全绩效，R_{cp}表示城市万人刑事案件立案率，R_{cc}表示城市刑事案件破案率。S_{cp}表示刑事案件立案数，P 表示城市人口数（单位：万人），S_{cc}表示刑事案件破案数。

5. 节能环保支出绩效

节能环保支出主要包括环境监测监察、污染防治、自然生态防护、污染减排、循环经济等方面的支出。城市是人口高度聚集地，地面绿化、空气清洁、水质优化是人们对城市生态环境的基本要求。本书拟采用以城市建成区绿化覆盖率、空气污染指数以及工业废水排放达标率等三个指标来衡量城市生态环境绩效。即：

$$P_z = f(R_v, 1 - I_a, R_w)$$

式中，P_z 表示城市政府的节能环保支出绩效，R_v 表示城市建成区绿化覆盖率，I_a 表示空气污染指数，$(1 - I_a)$ 则是相当于空气优良程度的一种指标，R_w 表示工业废水排放达标率。

这里需要说明两点：第一，生态环境具有公共物品的双重性质，即既有公共产品的属性——直接体现为物质形式，公众能从其物质形态上直接享受，也带有公共服务的属性——能为人们提供精神上的满足和愉悦，有益于身心健康，如把绿地作为一种漂亮的风景来欣赏、清新的空气、高纯的水质等。故之，在度量生态环境绩效时，也需从两方面考虑：一是从公共产品角度，计算其净现值，看它是否有“经济效益”，这样可以在一定程度上防止过度供给来单纯追求政绩的“形象工程”；二是从公共服务角度，优良的生态环境是人们生活质量的一个重要保证，城市政府有义务进行维持和改善，不能单因为其成本—收益率低就减少它的供给。用上述几个指标，特别是其中的城市建成区绿化覆盖率指标，来衡量城市生态环境就有利于避免这种现象的发生。第二，在实践中城市生态环境支出不一定全都由政府来承担，有可能通过市场来提供，但为了分析方便，仍将其列入政府公共支出绩效范畴。

6. 社会保障支出绩效

政府促进经济发展、改善生活环境的最终目的都是为了增进全社会福利水平。从广义上看，上述的卫生绩效、公共安全绩效以及环境绩效的改善都属于提高社会福利的范畴，但由于它们都是人人都享有的公共物品，故之，将它们分开分别论述。这里的社会福利是指因人而异的个人最基本的生活条件。按理说，个人可支配收入是反映社会福利的一个有力指标，但由于它受到多重因素的影响，如总体经济水平、宏观经济环境等，故将其列入政府决策绩效之列，这在前面已经分析。这里以城市恩格尔系数和城市政府在福利方面的支出占财政支出的比重等来衡量城市政府的社会福利绩效。恩格尔系数直接反映了个人的生活质量，恩格尔系数越高，意味着居民可支配收入中用于食物的支出越多，即收入中用于解决人类最基本的需求——温饱问题的开支越多，生活质量也必然要低一些；反之亦然。实际上，恩格尔系数也包含着对人均可支配收入的衡量，因为在食物支出相等的条件下，人均可支配收入越高，恩格尔系数自然会越低。当然，收入不同的人对食物支出的要求也可能不同，收入低的人对食物支出的要求可能会低于收入高的人对食物的要求，这样就可能出现恩格尔系数相同的人，真正的生活质量也还会存在差别。因此，有必要将个人可支配收入也作为衡量指标之一，但由于前文已经将个人可支配收入列入了衡量政府绩效的指标之一，为避免重复，这里不再考虑。

恩格尔系数只是就居民最基本的生活状况方面反映了个人福利绩效，对于那些生活条件很差的人群，政府有责任进行救助。因此，政府对缺乏生活保障能力人员的福利救济支出也是反映政府在社会福利绩效方面的一项重要内容。对同一个城市来说，该项支出当然是越多越好；但不同城市之间就不具有可比性，财力状况好的城市的福利救济额要高于财力状况差的城市，虽然政府都尽了同等的努力。鉴于此，可用政府福利救济支出占其财政支出的比重来衡量政府在这方面的绩效。这可以看出政府对社会福利的重视程度，也从一定程度上反映了城市的福利绩效水平。要想在这方面取得相同的绩效，财力状况好的城市有理由在其财政支出中多拿出一部分进行社会救济，而财力状况差的城市，其救济支出少一些也是合乎情理。因此兹以城市政府的福利支出来反映居民福利水平的变化，因为政府的福利救济支出不存在“沉淀”或者错误决策之类的问题，它直接转移到居民手中，人们得到的救济越多，其福利水平必然会越高，进而也说明政府福利支出的绩效水平越高。

综上所述，城市社会福利绩效便可以表示为：

$$P_w = f(r_e,\ r_w) \qquad \left(r_w = \frac{C_w}{E_f}\right)$$

式中，P_w 表示城市社会福利绩效，r_e 表示城市恩格尔系数，r_w 表示城市政府福利救济支出占财政支出的比重，C_w 表示城市政府福利救济支出，E_f 表示城市财政支出。

7. 资源勘探信息等支出绩效

主要包括资源勘探开发、制造业、建筑业、支持中小企业发展、工业和信息产业监管、安全生产监管等方面的支出。其中资源勘探开发可利用前面公共产品绩效度量方法进行衡量，其余的支出可以选择有代表性的指标来进行度量。从目前国家的产业政策导向来看，主要以支持战略性新兴产业为主，因此，可采用新兴产业增加值占 GDP 的比重来度量这部分支出的绩效。用公式表示为：

$$P_{EI} = \frac{Gei}{G}$$

8. 商业服务业等支出绩效

主要包括商业流通事务、旅游业管理与服务支出、涉外发展服务支出等类别。不难看出，后两者是重点支出内容。因此，拟采用旅游业收入占财政收入的比重和实际利用外资占该城市全社会固定资产投资的比重来衡量该项支出的绩效比较合适。用公式表示为：

$$P_{cs}=f\left(\frac{I_s}{I_f},\ \frac{FDI}{I_s}\right)$$

其中，P_{cs}表示商业服务业支出绩效，I_s 表示旅游业收入，I_f 表示财政收入，FDI 表示实际利用外资额度，I_s 表示该城市全社会固定资产投资额度。

综上所述，城市政府绩效评估全部指标体系如表 6－1 所示。

表 6－1　　城市政府绩效指标体系

<table>
<tr><td rowspan="16">城市政府绩效指标</td><td colspan="2">类别</td><td colspan="3">具体指标</td></tr>
<tr><td colspan="2" rowspan="4">公共决策绩效</td><td colspan="3">1. 人均 GDP 及 GDP 增长率（$\bar{G}$，G'）</td></tr>
<tr><td colspan="3">2. 财政收入及财政收入增长率（I_f，I_f'）</td></tr>
<tr><td colspan="3">3. 人均可支配收入（$\bar{I}_d$）</td></tr>
<tr><td colspan="3">4. 第三产业增加值占 GDP 比重（G_t/G）</td></tr>
<tr><td rowspan="11">公共支出绩效</td><td>总量绩效</td><td colspan="3">5. GDP/财政支出总额（GDP/E_f）</td></tr>
<tr><td rowspan="10">结构绩效</td><td>公共产品绩效</td><td colspan="2">6. 各项目绩效的加权平均值（P_p）（项目 i 绩效（P_i）＝项目净现值/财政收入，即 $P_i=NPV/I_f$）</td></tr>
<tr><td rowspan="9">公共服务绩效</td><td>7. 科研支出绩效</td><td>技术转让年实现利税额/财政收入（T_s/I_f）</td></tr>
<tr><td>8. 教育支出绩效</td><td>GDP/教育支出（GDP/C_e）</td></tr>
<tr><td>9. 文化支出绩效</td><td>GDP/文化支出（GDP/C_l）</td></tr>
<tr><td>10. 卫生支出绩效</td><td>（人均非疾病性医疗费用变化量——人均疾病性医疗费用变化量）/卫生支出[$(\Delta\bar{C}_{hc}-\Delta\bar{C}_{hs})/C_{hg}$]</td></tr>
<tr><td>11. 公共安全绩效</td><td>1－万人刑事案件立案率（$1-R_{cp}$）、刑事案件破案率（R_{cc}）</td></tr>
<tr><td>12. 生态环境绩效</td><td>城市建成区绿化覆盖率（R_v）、1－空气污染指数（$1-I_a$）、工业废水达标率（R_w）</td></tr>
<tr><td>13. 社会福利绩效</td><td>恩格尔系数（r_e）、政府在福利方面的支出/财政支出（C_w/E_f）</td></tr>
<tr><td>14. 资源勘探信息等支出绩效</td><td>新兴产业增加值占 GDP 比重（G_{ei}/G）</td></tr>
<tr><td>15. 商业服务业等支出绩效</td><td>旅游业收入占财政收入比重（I_s/I_f）、实际利用外资占全社会固定资产投资比重（FDI/I_s）</td></tr>
</table>

第三节 城市政府绩效指数的测算

政府绩效指数是对上述各政府绩效指标进行合理加权综合反映政府行为效果的指标。在上述指标的基础上，测算政府绩效指数需要处理两个基本问题：指标的无量纲化处理和权数分配。前者可以使各指标具有可综合性，后者既可以体现各指标的重要性，也体现指数的公正性。

一、多指标综合评价的方法选择

（一）指标的无量纲化处理

1. 指标无量纲化的含义及意义

无量纲化也称作数据的标准化、规格化，是通过数学变换来消除原始变量（指标）量纲影响的一种方法。它将各指标实际值的量值转化为指标评价值。各指标实际值的量纲是不同的，这种异量纲性会严重影响对事物的整体评价，不能直接综合在一起。指标评价值却消除了量纲，可以进行综合。无量纲化方法主要有三大类：直线型、折线型和曲线型。在进行多指标综合评价时，可根据被评价事物的具体情况来选择相应的无量纲化方法。

指标值无量纲化是构造综合评价指数的必要条件，无量纲化过程本质上就是建立评价函数的过程，即选取和建立某种评价函数，用以把按不同现实尺度标记的指标值转化为评价值，进而把多个异量纲的评价指标综合成一个总评价值。该评价值是一个相对数，它表明相对于该评价指标而言被评价对象的相对地位，同时也描述了该指标值对该评价对象总相对地位的贡献程度。

2. 无量纲化方法的种类

（1）直线型无量纲化方法。又称为线性无量纲化方法，是指将指标实际值转化为不受量纲影响的指标评价值时，假定两者呈线性关系，指标实际值的变化会引起指标评价值一个相应比例的变化。线性无量纲化方法主要有阈值法（阈值也称临界值）、Z－Score 法、比重法等。阈值法是将指标实际值 X_i 与该种指标的某个阈值相对比，从而使该指标实际值转化为评价值的方法。阈值往往采用极大值或极小值等实际数据；也可以采用所谓满意值、不允许值等专门确定的标准。Z－Score 法无量纲化公式为：$z_i=\frac{(x_i-\bar{x})}{s}$，$Z_i$ 也可以化成百分数的形式，如 $z_i=50+\frac{x_i-\bar{x}}{10s}\times 100$。比重法比较常见，就是指某指标的实际值占同类全部指标和的比重作为该指标的评价值。无量纲化公式就是：

$$y_i=\frac{x_i}{\sum_{i=1}^{n}x_i}\text{或者}y_i=\frac{x_i}{\sqrt{\sum_{i=1}^{n}x_i^2}}。$$

本书的各绩效指标在进行无量纲化处理时，拟采用阈值法。不过这里不是用指标值同临界值相比，而是与全国平均水平相比，这样就可以得到各绩效指标的评价值。

（2）折线型无量纲化方法。主要指当实际指标在不同区间内变化时，它对被评价事物的影响也是不一样的。比如 x_i 在小于某个点 x_m 时，x_i 对综合水平的影响较大，此时的评价值 y_i 也应有较大的变化；当 x_i 大于 x_m 时，x_i 对被评价事物综合水平的影响较小，则 y_i 也应变化较小。反之亦然。在这种情况下，就需要采用折线型无量纲化方法对被评价对象的实际指标作分段无量纲处化理。

（3）曲线型无量纲化方法。当指标实际值对评价值的影响不是等比例时，就需采用曲线型无量纲化方法。指标值 x_i 等量变化时，可能在某一区间对被评价事物的影响作用较大，从而评价值也有着较大的变化；而在另一个区间时，情形可能恰好相反。这看上去类似于上述的折线型无量纲化方法。两者的差别在于在折线型无量纲化中，指标值在某个既定区间内，它对评价值的影响程度是固定的，或者说在该区间内评价值会随指标值的变化而一定作等比例变化，只是在不同的区间比例有所不同而已。而在曲线型无量纲化中，指标值对评价值的影响程度总是不固定的，即评价值不随指标值的变化而作同比例变动。根据指标值对评价值的影响程度不同，两者的关系可表现为升半凹（凸）分布、升半岭型分布等多种分布状态。

后两种无量纲化方法不适合于本书各绩效指标的特点，因此不采用这两种方法，介绍这两种方法的目的仅为了和直线型无量纲化方法形成比较，以进一步说明本书选择直线型无量纲化方法的原因。

3. 选择无量纲化方法的原则

上述三种无量纲化方法在多指标综合评价中各有利弊，在具体应用时选用哪一种方法应根据样本的实际情况来选择。具体应遵循以下原则：（1）客观性原则。即选择的转化方法要能客观地反映指标实际值与事物综合发展水平之间的对应关系。（2）简易性原则。无量纲化过程在客观性的基础上还要简便易行，便于推广。鉴于此，大部分多指标综合评价案例往往采用直线型无量纲化方法来代替可能更为客观的曲线型方法。替代的理由有三：第一，对多指标综合评价而言，无量纲化的结果即评价值本身就是对被评价事物水平的一种相对描述，而不是绝对刻度。因而在不影响被评价对象间相对地位的前提下，允许用近似的、简化的直线型关系来代替曲线关系。第二，虽然曲线型方法相对要精确一些，但参数的选取较为困难，如果参数选取不当，很难保证结果客观。因此，在参数确定没有把握的情况下，采用线性方法会更加科学。

现代管理的一个重要思想就是追求相对满意解，而不是绝对意义的最优解。这也适用于无量纲化方法的选取。第三，从国内外多指标综合评价的案例经验来看，线性方法所得的评价结果与复杂得多的非线性方法往往近似，而前者却更容易使用与了解。（3）可行性原则。主要强调所选取的方法要与实际相结合，使实际指标值在无量化过程中具有可操作性。

（二）权数的确定

1. 权数的性质

权数是以某种数量形式对比并权衡被评价事物中诸因素相对重要程度的量值。为使综合指数能准确反映社会经济发展水平的真实状态，必须对转换后的变量赋予相应的权数。确定权数是多指标综合评价中的一个基本步骤，权数值的确定直接影响着综合评价的结果，也可能改变被评价对象的优劣顺序。因而，科学确定权数在多指标综合评价中显得举足轻重。权数的数量形式有多种，可以是绝对数，也可以是相对数；可以是结构相对数，也可以是比例相对数；可以是正数，有时甚至是负数。但就实质而言，它是一个结构相对数，尽管也可以用其他形式表现出来。

2. 权数的构造方法

总体上可以分为两大类：主观构造法和客观构造法。主观构造法是指研究者根据主观价值判断来指定指标权数的一种方法，主要有专家评审法、层次分析法等。主观构造法没有统一的客观标准，缺乏一定的科学性。即使人们公认甲指标比乙指标重要，但对于如何确定定量重要程度即确定权数的量值，却很难找到科学的标准，尽管相差专家拥有丰富的权数分配经验，也依然难以保证绝对客观。客观构造法是相对主观构造法而言的，它是直接根据指标的原始信息，经统计和数学处理后获得权数的一种方法，主要有相关法、回归法、主成分分析法、因子分析法等。客观分析法由于具有严密的逻辑和科学论证，在构造权数时显得比较科学和客观。为保证政府绩效评估的尽量精确性，本书在构造权数时均采用客观构造法。

3. 权数归一处理

不论权数以什么数量形式出现，总是可以归结为结构相对数形式，这种归一处理的结果比较符合使用和认识习惯。

设 ω_i 为各因素权数，归一后的权数为，则有：

$$\omega_i' = \frac{\omega_i}{\sum_{i=1}^{n} \omega_i}$$

式中，n 为评价因素的个数。归一处理实质上就是数学上的线性变换。权数是一个相对数，实行线性变换并不影响权数的作用效果。本书在计算政府决策绩效指数时，就是采用此方法来分配权数。即先对各指标进行无量纲化处理，得出相对指数，然后再对相对指数进行归一化处理得出各指标的权数。计算政府公共支出绩效指数也采用了这种方法来分配权数，只是归一的对象不同，具体将在后文详述。

（三）多指标综合评价中的指标合成

在被评价对象的指标实际值经过无量纲化处理并赋予权数之后，就可以经过一定的合成方法来得出一个可以评估并进行比较的综合评价值。指标合成就是指在多指标综合评价中，通过一定的算式将多个指标对事物不同方面的评价值综合在一起，以得到一个整体性评价。

1. 多指标综合评价时的合成方法

可用于多指标合成的数学方法很多，关键是要根据具体被评价对象的特点来选择较合适的合成方法，以最终能全面、客观、科学、准确地反映事物的本来面貌，并且简明、可比。指标合成方法如用得不好，有可能就成为“大杂烩”，多种指标被强硬混合在一起，但相互不协调，不能反映主次、轻重，进而也不能得出一个科学、客观、准确的综合评价值。大体来说，多指标合成方法主要有以下几种：

（1）线性加权综合法。线性加权合成法又称“加权线性和”法，基本公式为：

$$x = \sum_{i=1}^{n} \omega_i x_i (i = 1, 2, \cdots, n; 0 \leqslant \omega_i \leqslant 1, \sum_{i=1}^{n} \omega_i = 1)$$

式中，x 为被评价对象得到的综合评价值，ω_i 为各评价指标的权数，x_i 为单个指标的评价值，n 为评价指标个数。

线性加权法具有如下特性：第一，它适用于各评价指标间相互独立的情景，各指标对综合水平的贡献度不相互影响，实质上相当于“部分之和等于总体”。第二，各评价指标间可以线性地互补。任一指标评价值的增加都可以导致总评价值的上升，任一评价值的减少也可以通过另外指标值的增加来补偿而维持总评价值不变。第三，权数的作用在线性加权法中显得比较明显。第四，计算简单，便于操作。

政府公共支出绩效涉及众多指标，线性加权法比较适合计算政府公共支出绩效指数。不同城市对每个指标的重视程度必然会有所差异，因各地一般都会根据各地的特点来发挥自己的优势，而忽视或无力顾及自己的劣处。若采用线性加权法，就可以充分发挥各指标间的互补作用，这样就显得客观、公正。但线性加权法具有“一俊遮百丑”的特点，这种方法难以避免有些城市对某些容易发展的指标过分发展，而忽视其他指标的不良现象。不过这可以通过合理的权数设计来尽量规避，具体将在后面详述。

（2）非线性加权综合法。包括“乘法合成”法和“乘除法合成法”两种。乘法合成法的基本公式为：

$$x_i = \prod_{i=1}^{n} x_i^{\omega_i} \quad (i=1,\ 2,\ \cdots,\ n;\ \omega_i \text{ 为权数},\ x_i \geq 1)$$

同理，“乘除法合成”法是将指标值同评价值同向变化的部分作为分子、逆向变化的部分作为分母分别合成，然后二者相除。其最大优点就是可以解决指标的异向性问题，正指标就放在分子上相乘，逆指标就放在分母上相除。

具体有如下特点：第一，适用于各指标间有强烈关联的情景，此指标受着彼指标的影响，由此各指标的乘积表现出整个行为的综合水平。第二，强调各被评价对象的一致性。也即要求被评价对象的各指标彼此间差异较小，任何一方面也不能偏颇。第三，指标权数的作用不如线性加权法中那么明显。第四，对指标值的要求较高，计算中不能出现零和负值。如出现零，整个综合评价值便变为零；若出现负值，综合评价值无法直接得出，当然经过变化处理也能得出某种综合值。而且，即使指标值介入 0 和 1 之间，也会对总评价值产生很大影响，这比较类似于“木桶原理”。第五，单项指标值的变动对总评价值的影响比加法合成法中的影响度要大。第六，计算比较复杂，不如加法合成法便利。实际上，非线性加权合成法经过两边取对数也可以变成加法合成，因此，也可以把它看成是加法合成法的变形。

此方法具有“一丑遮百俊”的特点。本书在计算政府决策绩效指数时就是采用非线性加权法。因为政府决策绩效的几个分指标，如人均 GDP 及 GDP 增长率、财政收入及财政收入增长率、人均可支配收入等，在城市政府决策中都应加以重视，不能偏颇。对这些分指标进行非线性加权时，只要有一个指标值很低，就会将总值降下来。因为这里各指标值是相乘关系，是成倍数的相互影响。例如，10000 乘以 0.1 和 10000 加上 0.1 的结果是天壤之别的。

除上述两种方法之外，多指标合成法还有加乘混合法以及代换法等。它们都是在这两种方法的基础上变换而成的，各有特点和利弊，在此不一一赘述。

2. 合成方法的选取原则

从指标评价值之间的数据差异和评价指标重要程度的差别等两个角度来看，一般可按照以下几个原则来选取合成方法：第一，当各评价指标间的重要程度差异较大，且各指标评价值间差异不大时，采用线性加权法比较适宜，因为这里权数的影响比较明显，能突出指标的重要性程度。第二，当各指标间重要程度差异不大，而各评价值间差异较大时，以采用乘法合成法为宜，因为这里权数的影响程度不大明显，且总评价值对指标间的差异较为敏感。第三，当各评价指标间重要程度差异较大，且各指标评价值间差异也较大时，宜采用加乘混合法为宜，因为它兼顾加、乘法合成法中的优点。第四，当各指标间重要程度差异较小，各指标评价值差异也不大时，以上几种方法皆可。一般为了方便，更多的是采用加法合成法。

二、城市政府绩效指数的测算

根据上述多指标合成的方法，在测算城市政府绩效指数时，也是采用上述步骤，即指标的无量纲化和同质化处理，并为各指标确定相应的权数，再选择合适的方式进行加权合成。由前述可知，城市政府绩效指数由城市政府决策绩效指数和公共支出绩效指数两方面共同决定。在此，首先分别计算这两大指数，然后再进行加权平均。考虑到城市政府公共支出绩效所包含的分指标很多，在此先对各分指标进行合成以得出城市政府公共支出绩效指数，然后再和城市政府决策绩效指数进行加权以得到城市政府绩效指数。

（一）城市政府公共支出绩效指数的测算

1. 方法的选择

城市政府公共支出绩效包括公共支出总量绩效和结构绩效两大方面。前者的指标比较单一，后者包含很多指标。在测算公共支出绩效指数时，需对公共支出的所有指标进行合成。根据上述合成方法，首先对城市政府公共支出的各分指标绩效进行无量纲化和同质化处理。拟采用各分指标绩效与全国平均水平（或者世界同等发展程度国家的平均水平）进行对比，分别得到各分指标的相对指数，以解决量纲和同质性问题。同全国平均水平相比，可以体现出城市政府在相关方面的相对管理水平。它在这方面的水平越高，相对指数也会越大。本书拟采用线性加权法对城市政府公共支出各分绩效指标进行合成，采用当期城市 GDP 与各分项财政支出的比值来作为城市政府在各单项支出上的权重，然后再对这些权重进行归一处理，得到的系数就是各分绩效指标的权数。

上述的权重实际上是反映了城市政府在某方面支出的业绩，即一单位政府支出能带来多少单位的 GDP。能带来的 GDP 的越多，说明政府在这方面的支出越有效果。线性加权法的一大特点就是权数的作用比较明显。对经济发展的贡献越大，在政府绩效中理应得到越大的权重。采用这种方法来确定权数，可以有效遏制各地政府不顾本地实际和经济效益而一味去和其他城市“攀比”的不良现象。比如假如政府不顾本城实际而一味“攀比”和效仿其他城市，增加了政府支出但没有产生明显的效益，势必会影响 GDP 总量进而其在公共支出绩效中的权数。在线性加权情况下，就会严重影响政府绩效水平。而且这项支出所产生的绩效同全国平均水平相比得到的单项绩效相对指数也会很低，这些都会影响总绩效水平。因此，用这种方法来确定权数还有利于激励各城市结合实际，扬长避短，避免盲目发展的不良现象。

2. 城市政府公共支出绩效指数的测算

（1）城市政府公共支出总量绩效指数的测算。由于该项绩效的指标比较单一，即 GDP 与城市政府财政支出总额的比值，故在度量上也比较容易。直接以上述比值与全国平均水平相比，所得比值便可作为城市政府公共支出的总量绩效指数，用 $I_{GE(g)}$ 来表示。

（2）城市政府公共支出结构绩效指数的测算。根据前面所述，城市政府公共支出结构绩效共包括公共产品绩效和公共服务绩效两大方面，后者又分为九小类。共包含 15 个分指标，即公共产品绩效（P_p）、科研支出绩效（P_s）、教育支出绩效（P_e）、文化支出绩效（P_c）、卫生支出绩效（P_{hg}）、公共安全绩效（$1-Rcp$，R_{cc}）、生态环境绩效（R_v、$1-I_a$、I_w）、社会福利绩效（r_1、r_w）、资源勘探信息支出绩效（Gei/G）、商业服务业等支出绩效（I_g/I_f、FDI/I_s）。在度量时分四步计算：

第一步，分别计算出各分指标与它的全国平均水平之比，得出各分指标相对绩效指数。与上述各分指标相对应，令其分别为：I_{PP}、I_{PS}、I_{PC}、I_{PE}、I_{PH}、I_{RS}、I_{RC}、I_{RV}、I_{IA}、I_{IW}、I_{RL}、I_{RW}、I_{GG}、I_{II}、I_{FI} 等共 15 个指数。为表达方便，分别以 I_1、I_2、…、I_{15} 来分别相应代表这 15 个指标。

第二步，以各指数相应的政府支出除 GDP，该比值意味着一个单位财政支出能带来多少单位 GDP，反映了该项支出对 GDP 的贡献度。即：

$$\lambda_i = \frac{GDP}{C_i} \quad (i=1, 2, \cdots, 15)$$

式中，C_i 表示政府第 i 项指标中的支出。

第三步，对 λ_i 进行归一处理，即可得出各指标在政府公共支出绩效中的相应权数。即：

$$\omega_i = \frac{\lambda_i}{\sum_{i=1}^{n} \lambda_i} \quad (n=15; i=1, 2, \cdots, 15)$$

式中，ω_i 即表示各分指标绩效在计算政府公共支出结构绩效时的权数。

第四步，计算城市政府公共支出结构绩效指数，为：

$$I_{GE(s)} = \sum_{i=1}^{n} \omega_i I_i \quad (n = 15;\ i = 1,\ 2,\ \cdots,\ 15)$$

式中，$I_{GE(s)}$ 表示城市政府公共支出结构绩效指数，ω_i 对第 i 项分指标绩效的权数，I_i 为第 i 项分指标的绩效指数。

需要说明的是，以此方法来计算城市政府公共支出结构绩效指数时，特别是以 GDP 与各分项政府支出的比值为基本权重来衡量该项指标在公共支出结构绩效中的重要程度，而且在度量有些分指标绩效，如文化、教育支出绩效时，也是直接以 GDP 的变化量来衡量其相应绩效，这看起来似乎过于偏颇对 GDP 数量的追求，因为假如某城市 GDP 越大，可能会导致其政府公共支出结构绩效指数就越大。这似乎没有体现出对 GDP 质量的监测。事实并非如此，因为在计算权数（ω_i）时对基本权重（λ_i）都做了归一处理，这样各城市政府的公共支出结构绩效就不会因为其 GDP 的高低而受到特别影响。

（3）城市政府公共支出绩效指数的测算。在得出城市政府公共支出总量绩效指数（$I_{GE(g)}$）和结构绩效指数（$I_{GE(s)}$）之后，对二者进行线性加权平均便可得出城市政府公共支出综合绩效指数（简称为政府公共支出绩效指数）。具体方法如下：

第一步，计算各自的权数。

$$\delta_g = \frac{I_{GE(g)}}{I_{GE(g)} + I_{GE(s)}},\quad \delta_s = \frac{I_{GE(s)}}{I_{GE(g)} + I_{GE(s)}}$$

δ_g、δ_s 分别表示城市政府公共支出总量绩效指数和结构绩效指数在公共支出综合绩效测算中的相应权数。为表达方便，以 δ_1、δ_2 分别来代表 δ_g、δ_s。以 I_1、I_2 分别代表 $I_{GE(g)}$、$I_{GE(s)}$。

第二步，测算城市政府公共支出绩效指数。

$$I_{GE} = \sum_{j=1}^{2} \delta_j I_j \ (j=1, 2)$$

（二）城市政府决策绩效指数的测算

度量城市政府决策各分指标绩效指数时也采用上述方法。即用各分指标值与全国平均水平相比，将比值作为该分指标的相对绩效指数。然后再对各相对绩效指数进行非线性加权平均，得出城市政府决策绩效综合指数。选择非线性加权平均的原因是，非线性加权具有“一丑遮百俊”的特点，它要求各指标必须均衡、协调发展，任何一个指标过小都可能导致总评价值大幅度减小，即使其他几项指标评价值都很高。就政府决策来讲，其理性效果就是要求经济发展的总体水平、居民生活质量等各方面都全面、协调发展，而对其相应的绩效指标进行非线性加权正好适应这一要求。它可以控制政府片面发展的弊端。

当然，前已述及，采用$\overline{GDP}$和 G'两个指标就是为了相互弥补对方弊端以对不同发展程度城市的总体经济水平进行客观比较。因此，这里先对其进行线性加权，加权方法与上述计算公共支出结构绩效指数时一样，先分别与全国平均水平相比得出相对指数。然后将二者线性加权，得出反映城市总体经济实力的绩效指数，以 I_G 表示。假定城市政府决策的另外两个分指标绩效，即财政收入增长率（I_f'）、人均可支配收入（$\bar{I}_d$）、第三产业增加值占 GDP 比重（G_t/G）与全国平均水平相比所得的相对绩效指数分别为 I_F、I_D 和 I_{GT}。为表达方便，分别以 I_1、I_2、I_3、I_4 来代表 I_G、I_F、I_D 和 I_{GF}，就可以依据这四个相对指数来得出城市政府决策绩效指数。

第一步，对这四个相对指数进行归一处理得出非线性加权时各自的权数。即：

$$\omega_i = \frac{I_i}{\sum_{i=1}^{n} I_i} \quad (n=4;\ i=1,\ 2,\ 3,\ 4)$$

式中，ω_i 为权数，I_i 表示上述的城市政府决策各分绩效指标相对指数。可以看出，如果城市政府在某方面的相对绩效指数较低，其相应权数也会较低；反之亦然。这首先从权数上就对城市政府的片面发展弊端进行了控制。

第二步，对决策的各分绩效指标相对指数进行非线性加权，得出城市政府决策绩效指数。用公式表示为：

$$I_{GD} = \sum_{i=1}^{3} I_i^{\omega_i} \quad (i=1,\ 2,\ 3,\ 4)$$

式中，I_{GD}表示城市政府决策绩效指数，I_i 表示城市政府决策各分指标绩效相对指数，ω_i 为权数。上已述及，在此采用非线性加权法来合成城市政府决策绩效的主要目的就是为了促使城市政府在决策时要综合、全面、平衡地考虑，不要片面追求某一方面，否则就会使其决策绩效大幅降低，从而可以有效遏制片面发展等一些不良现象。

（三）城市政府绩效指数的测算

在测算出城市政府决策绩效指数和城市政府公共支出绩效指数的基础上，就可以对其进行加权算术平均得出城市政府综合绩效指数（简称为“城市政府绩效指数”）。将城市政府决策绩效指数（I_{GD}）和城市政府公共支出绩效指数（I_{GE}）分别用 I_1、I_2 表示。对二者进行归一处理，得出各自权数。即：

$$\omega_i = \frac{I_i}{\sum_{i=1}^{n} I_i} \quad (n=2;\ i=1,\ 2)$$

式中，ω_i、I_i 分别表示上述两项指标各自相应的权数和指数。这里直接以这两个指数值进行加权平均，是因为这两个指数与其对城市政府绩效的贡献都是同向变化的——其值越大，说明城市政府在这方面的绩效也越大，它在总绩效中理应得到更大的权重。因此，用此方法来分配权数比较合理。

在此基础上，就可以计算出城市政府绩效指数。用公式表示为：

$$I_{PG} = \sum_{j=1}^{n} \omega_j I_j \quad (n=2;\ j=1,\ 2)$$

I_{PG}即为城市政府绩效指数。ω_j、I_j 分别表示城市政府决策绩效和城市政府公共支出绩效各自相应的权数和指数。

三、绩效度量与业绩考核的关系

近年来，我国政府业绩考核迅速普及，几乎所有城市政府都在对下属政府部门及区（县、市）政府进行业绩考核，通常也简称为“绩效考核”。本书认为，这种绩效考核大多是属于业绩考核，与本文所说的绩效度量不完全一致，两者有联系也有区别。两者都体现了对政府履职能力和结果的度量，但绩效度量更侧重度量履职效果，而业绩考核侧重于度量履职过程和结果。显然，有些政府行为有过程、有结果，但不一定有效果。具体说来，两者的区别体现在四个方面：第一，绩效度量侧重于效果，业绩考核侧重于过程和结果。比如从某些城市的业绩考核指标体系来看，有很多指标是执行政策的投入如何、某项工作的进展如何，而没有直接体现这些投入和工作进展究竟为城市经济社会发展带来了哪些效益；第二，绩效度量注重选择客观且尽可能能度量的指标，而考核是以客观定量和主观定性测评相结合；第三，绩效度量指标相对稳定，业绩考核指标根据每年的工作重点可能会更新调整；第四，绩效指标可以通用，在不同城市之间具有横向可比性，而业绩考核指标只是在城市区域内使用，适用于城市内部各部门之间、各区（市、县）之间进行比较。

需要说明的是，本书设计的绩效度量指标不一定全面和完善，还需要进一步研究和探索，特别是需要选取样本数据验证指标的可行性和可操作性。在许梦博、翁钰栋合著《政府预算绩效指标框架和指标库建设》中，曾对吉林省X市政府财政支出绩效评价指标体系进行了案例分析[①]，虽然一级和二级指标的维度与本书不尽相同，但三级指标的选取不谋而合，有众多相似之处，从某种角度验证了本书的绩效指标还是具有一定的可操作性，当然仍需进行更广泛的实证检验并不断完善，兹作为本书的研究展望。

① 许梦博、翁钰栋：《政府绩效预算指标框架和指标库建设》，中国工信出版集团人民邮电出版社2016年版，第205~220页。

第七章

城市政府效率及提高途径

探讨城市政府成本与绩效的最终目的就是为了提高政府履职特别是政府决策和公共支出的质量。政府成本低或者政府绩效高只是政府行政质量高的必要条件，而非充分条件。如果孤立研究政府成本或政府绩效，并不能看出政府行为的真正质量。比如某政府决策项目的成本很低，但绩效也很低，效率未必就低；反之亦然，当绩效很高而成本也很高时，效率也未必就高。因此，要考察政府的行政质量必须将政府成本和绩效综合起来考虑，即要注重对政府效率的研究。

第一节　城市政府效率指数度量

一、政府效率的界定

政府效率与行政效率是同一意义上的概念。国内外学者对行政效率的概念并没有统一的定论。《布莱克维尔政治学百科全书》也没有收录

“行政效率”一词。武玉英（2001）将行政效率的概念归结为三种模式：一是语义探索式，即从语义学角度，通过探讨行政和效率的语义，尤其是原初意义及变迁，引申出行政效率概念的合理意义。该模式便于接受，但是从行政学研究的目的来看，尚不能称为规范模式。二是逻辑推演式。该模式首先从规范的角度，对行政效率的理想状态进行描述，然后依次分解，层层细化，最后落实为一条条操作性指标。该模式逻辑性强，分析严密，但在实践中却困难众多，有些分指标难以准确把握。三是历史与逻辑相结合式。该模式将公共行政理论和实践中效率概念的发展与对概念的逻辑推演结合起来，以逻辑总结历史，以历史证明逻辑，使实证与逻辑有机结合。对探讨行政效率来说，这是一种比较理想的模式。按照这种模式，可将行政效率的概念简化为三大类别：内部效率、整体效率和外部效率。内部效率意在说明管理效率取决于对行政组织内部各要素的高度利用，行政管理就是对行政组织内部的管理。整体效率就是指行政效率是由众多分效率组合而成，整体效率是各分效率的简单加总，任何分效率的变化都会对行政整体效率产生影响。外部效率就是将行政效率定位于行政系统本身，从行政行为与经济、社会等方面的关系着眼，关注的是行政效率的“外溢性”或者说对谁有益的问题。上述三种效率是行政效率在不同层次的体现，可分别视其为行政效率系统中的微观、中观和宏观三大层面，这三方面相互补充，相互协调，共同形成综合的行政效率概念。

二、政府效率的含义

行政效率是从普通意义上的效率概念演化而来的，从效率在不同学科中的应用可以进一步了解效率的本质。

(一)效率的本质

1. 物理学中的效率概念

物理学和工程学将效率称为“机械效率”或“技术效率”，用以表示输出能量与输入能量的比率，这是度量效率的初始概念。由于机械效率以能量守恒和转换定律为前提，以质能关系式为基础，它决定了有效能量（输出能量）比原有能量（输入能量）要低。因此，这种效率常用百分数表示：

$$效率=\frac{有效能量}{原有能量}\times 100\%=\frac{有用功}{总功}\times 100\%$$

有用功是物理学概念，是指在物体做功过程中，并不都是有益于行为目的，有一部分对行为目的无益被称为无用功，相对于整个做功过程它是没有效率的。因此衡量做功的效率只能以有益于行为目的的那部分功——有用功与总功之比来进行度量。

2. 经济学中的效率概念

经济学上的效率可称之为“经济效率”或“配置效率”，也是意在表示产出与投入或收益与成本的关系。另外，还有效果与费用、收入与开支、成果与努力、满足与消费等不同关系的表述。在最一般意义上，经济学“效率”是指现有生产资源与其所提供的消费满足之比。在有些场合，“经济效率”与“配置效率”和“经济效用最大化”是同义语。用公式表示为①：

$$效率=\frac{消费者满足}{生产资源配置}=效用最大化$$

经济学家对此解释为，在资源既定的条件下，如果某经济活动能为

① 曹闻民：《效率的本质——行政效率论之一》，载于《甘肃行政学院学报》2002 年第 4 期。

消费者提供最大可能的物品与服务，那么这个经济就是有效率的。或者说当经济处于这样一种状态，即不存在在不改变他人福利或效用的情况下，能使一个人的福利或效用变好的任何方式，这种状态就是著名的“帕累托最优”或者说“帕累托效率”。它适用于生产、分配、交换等各个环节，当各个环节都达到上述效率状态时，就可以说整个经济达到了帕累托最优。

3. 政治学中的效率概念

政治学中的效率反映的是关于人及其组织制度与所发挥的社会效能之间的对比关系。这是一种新型的效率概念，是前两种效率概念的延伸和发展。从人力资源配置和制度设计角度看，它与经济学效率有相似之处；从效能发挥角度看，它与技术效率和机械效率有相似之处。社会效率具有三个特点，一是以人为本；二是质和量并重；三是强调程序和目的。这决定着它不像帕累托最优要求经济效率所具有的“绝对”均衡，也不像机械效率所追求的精确比率。社会效率的内涵早已突破词源意义上的局限而日趋丰富和多元。从管理学角度看，社会效率正是社会管理与政治管理的目的，而上述特点是实现有效管理的条件，改革才是提高效率的有效手段。如果把社会效率用公式表示，可以写成①：

$$\text{效率} = \frac{\text{管理效能的发挥}}{\text{人及其制度的配置}}$$

综上所述，无论是机械效率、经济效率还是社会效率，就本质而言，效率既是目的，也是条件，但不是手段。从逻辑关系上讲，目的的实现需要一定的条件，条件的创造须经由一定的手段。

① 曹闻民：《效率的本质——行政效率之一》，载于《甘肃行政学院学报》2002 年第 4 期。

（二）政府效率的含义

本书在研究城市政府效率①时，在借鉴学术界关于效率和行政效率的概念基础上，结合政府行为的实际，对政府效率有着较特殊的界定。本书认为，政府效率就是指政府有效产出与政府成本之比，并且在界定政府产出和政府成本的内涵上也有独到考虑。

对于政府产出或者说政府绩效，本书只是指有效的那部分产出，也就是指能有利于经济发展或者是增加人民福利的那部分产出，这相当于物理学中的“有用功”概念。而于经济、社会无益的那部分产出不能计入政府产出之列，虽然它们是由政府行为产生的，但却是没有意义的。这正如“产品中的‘废品’不能计入总产值”一样，因为它本身是毫无价值的。本书在第六章讨论选择政府绩效指标时，就考虑到这一因素。

对于政府成本，本书也是指政府“总”成本，即包括直接成本和间接成本，前者指政府直接投入部分，后者指由政府行为所带来的间接性损失，如决策成本等。这也不同于只计算直接投入的一般性成本—效益分析。

由此，由政府产出和政府成本之比而得的政府效率也和通常认为的政府效率不大相同。通常在计算政府效率时，只计算直观的政府产出和政府投入。本书是对政府“总”成本和有效“总”产出都尽量作了精确度量，因此得出的政府效率应更能体现政府的行政质量。

三、城市政府效率指数度量

政府效率指数是对政府行政质量水平的一种测度，将政府绩效指数

① 本书研究对象是城市政府效率，由于它与一般政府效率在性质、特征上基本相同，为行文方便，在两者相同之处，不再一一指明，即政府效率包括一般政府效率和城市政府效率两种。

除以政府成本指数，其商便为政府效率指数。城市政府效率指数当然也可以由此法得出。根据前述对城市政府绩效指数与成本指数的测算，可将城市政府效率指数用公式表示为：

$$E_G = \frac{I_{PG}}{I_{CG}} = \frac{\sum_{i=1}^{n} \omega_i I_i}{\sum_{j=1}^{n} \eta_j I_j} \quad (i=1,\ 2,\ 3;\ j=1,\ 2)$$

式中，E_G 表示城市政府效率指数；I_{PG} 表示城市政府绩效指数，I_{CG} 表示城市政府成本指数；I_i 表示城市政府各分成本指数（I_1、I_2、I_3 分别表示城市政府消费成本指数、城市政府投资成本指数、城市政府决策成本指数），ω_i 表示政府各分成本指标的权数；I_j 表示城市政府各分绩效指标指数（I_1、I_2 分别表示城市政府决策绩效指数和城市政府公共支出绩效指数），η_j 表示城市政府各分绩效指标的权数。

由此可见，城市政府效率指数主要受城市政府绩效指数和成本指数的影响。城市政府效率指数越高，就说明城市政府行政质量越高；反之亦然。

第二节　控制城市政府成本的途径

城市政府效率指数来自于一个比例式——城市政府绩效指数与政府成本指数之比。根据基本的数学原理可知，增大比例式值有多种途径，如分子增大同时分母减小、分子增大而分母不变、分子不变而分母减小、二者同时增大但分子变化的比率要大于分母、二者同时减小但分母变化的比率要大于分子等。在政府效率指数中，这里的“分子”就是政府绩效指数，“分母”就是政府成本指数。根据前文分析，提高城市政府效率指数的途径也有很多种，但在实际应用中，就只能是寻求最理想的提高途径，就是“分子增大同时分母减小”，即提高城市政府绩效指数同时降低城市政府成本指数。本节主要探讨如何有效控制政府成本。

一、政府管理半径理论

所谓政府管理半径，就是指政府管理范围的大小，包括横向半径和纵向半径。横向半径是指政府管辖区域的大小，也称之为空间半径，即政府在一定的管理密度下所辐射的空间大小。何翔舟（2008）曾对政府管理半径开展过专题研究，他用定积分的概念来解释政府管理半径的上限和下限。以定积分下限与横轴围成的区域为政府管理半径的下限，以上限与横轴围成的区域为管理半径的上限。用函数表示为：

$$m(b-a) \leqslant \int_a^b f(x)dx \leqslant M(b-a)$$

其中，$m \leqslant f(x) \leqslant M$。

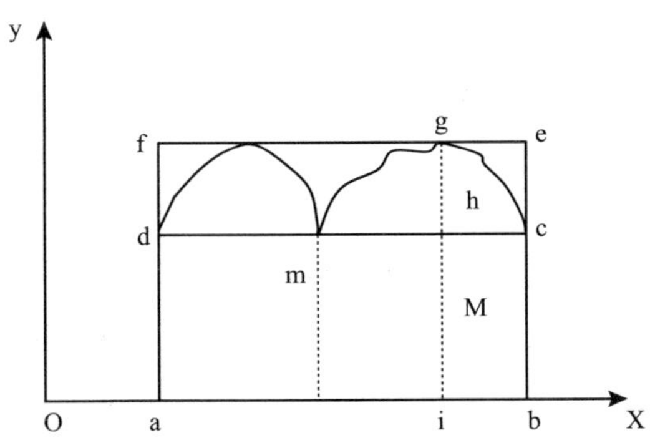

图7－1　政府管理半径示意

图中，ad 为政府管理的最小半径，df 为弹性区间，af 为最大半径。因此，四边形 abcd 为政府必须管理的区域，否则，政府缺乏最基本的履职空间，易出现机构臃肿、人浮于事等情况；四边形 abef 为政府管理的最大区域，超出这个区域可能就力不从心，出现缺位情况。因此，政府管理的最优半径 R 应在 ad 和 af 之间，即 $ad \leqslant R \leqslant af$。

纵向半径是指政府管理的深度，即哪些事该管，哪些事不该管，管到什么程度的问题，这一般是通过制度来确定。确定纵向半径非常复杂，涉及政府与市场、政府与社会的边界划分问题，这是一个古老且难有定论的话题，理论上讲，政府只应在自己的职能范围履职，能由市场或社会解决的一律“放手”，只发挥引领、规范和调节作用，这在前面讨论政府职能时已经提及。

显然，政府管理半径与政府成本存在正向变动的关系，即管理半径越大，政府成本会越高。假设单位半径的成本（a）一定，管理半径（R）与政府成本（C）呈正相关关系，即 $C = aR$。

因此，必须合理确定政府的管理半径，既要保证政府的职能有必需的最低施展空间，充分发挥出成本的效用，又要避免超出最大半径，而出现力所不能及、成本“打水漂”的情况。

二、政府适度规模理论

这里的政府规模是广义概念，指政府供给的总规模。它不仅包括狭义上政府机构规模，还包括政府提供的所有资源和制度的规模。当政府规模变动时，内在经济和内在不经济同时发生。当前者大于后者时，具有规模效应，这时扩大政府规模仍可使平均成本降低，有利于政府效率的提高。反之，扩大政府规模就会降低政府效率。因此，确定政府规模时既要考虑到能充分享受政府规模经济的益处，也要注意避免政府规模不经济因素，要找准两者的最佳结合点。

（一）企业理论概述

根据科斯的交易费用理论，企业“内化”市场交易虽能节约交易费用，但企业组织和协调生产活动也会产生管理费用。随着企业规模的扩张，这种费用也越来越高，因而企业规模不能无限扩张。企业规模的大小取决于市场交易费用和管理费用的对比关系。当企业规模扩张到企业再“内化”一项市场交易所引起的管理成本等于由市场组织该项交易的费用时，均衡就实现了。这时企业与市场的边界也就确定了。

（二）政府最优规模理论

科斯理论关于企业边界的界定模式也可应用于界定政府边界。市场交易看作是政府职能的市场化，比如许多公共产品和公共服务通过市场化方式提供，那么政府的最优规模即政府边界的界定就可作如下表述：政府“内化”“市场交易”虽能节约行政成本，但随着政府规模的扩大，政府管理费用会越来越高，因而政府规模不能无限扩张。政府的合理规模取决于“市场交易”费用与政府行政成本的相对关系。当政府规模扩张到“再内化”一项新政府职能所引起的管理成本等于“市场”（即社会）来履行该项职能的费用时，均衡就实现了。这时政府规模是最优的，也是最合理的。

科斯的企业理论意味着企业组织与市场存在着替代关系，即企业将由市场进行的“交易”内生为企业内部“交易”，即管理。这种现象在政府中也存在，即政府将有些公共物品转由市场提供。但政府与市场的关系不仅仅是替代，还有互补关系，比如政府的制度供给职能不能直接由市场来提供，也就是说，在这方面市场不能替代政府，必须由政府来提供。可见，政府的最优规模由它和市场的替代效应（主要表现在公共物品等资源供给方面）和互补效应（主要表现在制度供给方面）来共同决定。具体如图7－2和图7－3所示。

图7－2中，横轴（S）代表政府规模，纵轴（C）代表边际成本。TT代表市场交易费用，II表示政府内部边际管理费用，由于二者随着政府规模的扩大都是增大的，因此，其曲线也都是呈上升状态。两曲线相交于E点，它所对应的政府规模（S_E）就是由政府和市场替代效应决定的最优政府规模。

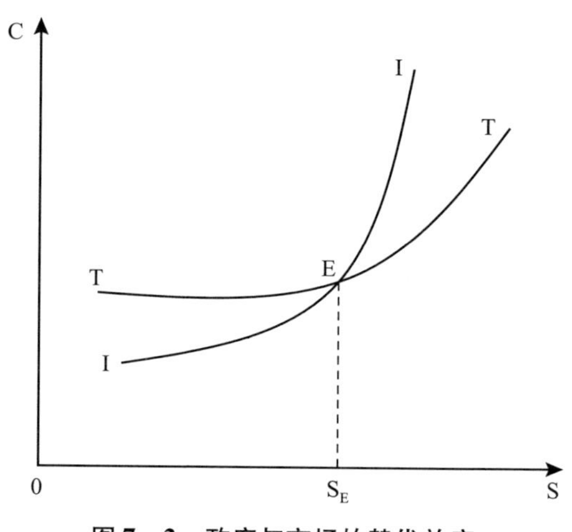

图7－2　政府与市场的替代效应

图7－3中，横轴（S）代表政府规模，纵轴（C）代表制度的边际成本和边际绩效。CS代表政府制度供给的边际成本，PS代表政府制度的边际绩效，即由该项制度所带来的收益（如经济增长、社会稳定等）。制度的边际成本是随着政府规模的扩张先下降后上升，制度的边际绩效是先上升后下降，故它们对应的曲线形状都是呈图中的“S”形。两曲线相交于E′点，所对应的政府规模（S'_E）就是由政府和市场互补效应决定的政府最佳规模。

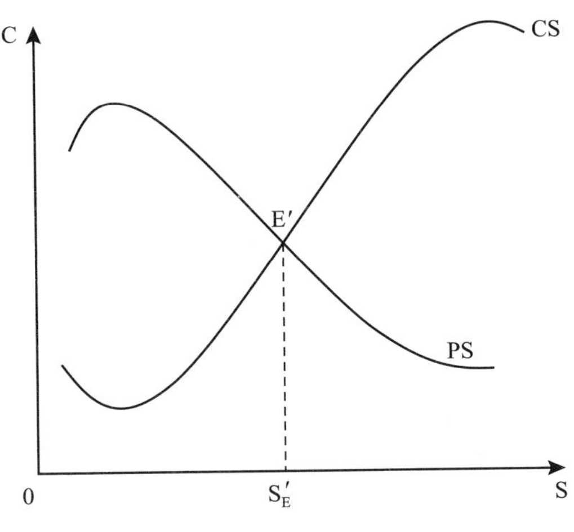

图7－3　政府与市场的互补效应

综上，政府最优规模应由政府与市场的替代效应和互补效应共同决定。最优市场规模应为：

$$S_O = S_E + S'_E$$

三、帕金森定律

英国著名政治学家和历史学家西里尔·诺斯古德·帕金森（Cyril Northcote Parkinson）于1958年出版《帕金森定律》（Parkinson's Law）一书，揭示了英国行政机构充满矛盾、扯皮、办事效率低、机构臃肿、人浮于事的“官场病”，从而得出了著名的帕金森定律。主要内容是：凡当官之人，因工作太忙而需要增加人员时，总是给自己增添下属而不愿增加和自己地位相当、能力强的人，以免造成职位的竞争；官多了，会因人设事，人为制造很多工作。开会时，花费时间的长短与所讨论的问题的重要性成反比，由于小事大家都懂，且事情不重大，为避免责任，人人踊跃发言；当讨论重大问题时或因不懂或事关重大，为避免责任，人人都谨小慎微，守口如瓶。组织的年代越久远，其人员质量就越低劣；委员会组织规模愈来愈大，组织效能反倒越来越低；委员会人数过多时，组织内部就出现新的核心委员会和其他非正式团体；组织内年老的迟迟不肯让位，年轻一代受到压抑，英雄无用武之地。一个机构有多少钱就花多少钱，甚至仍然叫喊不够用还不节省——因为一旦经费有余，下一年预算就会减少。这个定律也可这么来看，对于一个不称职的管理者，他可能有三条出路，一是申请退职，让位给能干的人；二是让一位能干的人来协助自己工作；三是任用两名水平低的助手。对于这位不称职的管理者来说，第一条出路不会走，那样他会失去许多利益；第二条路同样也不会走，那样会使自己多出一个有力的竞争对手；因此大多选择第三条出路，找两个平庸的助手分担他的工作。而自己则高高在上发号施令，同时也没有人成为自己晋级的障碍，而下级既然能力不济，他们又会上行下效，为自己找两个更加无能的助手，如此往复①。

帕金森定律用公式可表示为：

$$X=\frac{2K^{m}+I}{N}$$

式中，χ 为每年需要新增的人员数量，K 为官员数，N 为管辖的单位个数，I 指被任命的人员到退休时的平均时间，m 表示单位内部人员办理各种文件的劳动小时数。②

根据帕金森定律，假设上一年人员数量为 y，则每年的人员增长率 χ 则为：

$$\chi=\frac{2K^{m}+I}{N\cdot y}\times 100\%$$

① 张铭钟，曹雪梅：《从“帕金森定律”看现代人力资源管理》，载于《理论导刊》2005 年 2 期。

② 罗忠桓：《帕金森定律的跨越》，载于《湖湘论坛》，2001 年第 4 期。

实践表明，每年新人增长率基本都处在5.17%～6.56%之间。这为控制政府人员规模提供了重要的参考。

四、控制城市政府成本的途径

成本是一个中性概念，即既要控制成本，也不能为了降低成本就不作为。降低成本意在要求政府在同等履职的情况下，尽量将成本降到最低。因此，控制政府成本首先要遵循一定的原则，然后再采取相应的措施。

（一）控制政府成本的原则

1. 效率原则

从成本效益的理论和实践来看，通常效率越高，成本自然会越低。这里的效率主要包括两个方面：一是政府行政效率，包括决策效率、运行效率、服务效率等多方面，这些效率提高了，成本自然会降低；二是资金使用效率，即合理安排财政支出，注重提高财政资金的使用效率，政府成本特别是投资成本和消费成本显然能得到有效降低。

2. 可持续性原则

控制政府成本不是一蹴而就、一劳永逸的事情，需要长期坚持。一是要坚持执行已见成效的控制措施，比如党的十八大以来我国推行的有关降低政府消费成本的措施，有必要继续坚持。二是要树立长远目标和眼光，控制成本不是一朝一夕的事情，需要循序渐进，逐步取得成效。三是控制成本要持续的决心，不能因为取得一些成效就放松控制，也不能因为一时未见成效就放弃控制。

3. 内外结合原则

控制成本是长期也相对艰巨的事情，没有最低，只有更低。在控制成本过程中，政府除做好自身控制外，还必须考虑到执行与监督相结合、政府与社会相结合。一方面每个政府部门要受到政府成本监督部门（如审计、纪委、监察等部门）的监督，另一方面要受到社会的监督，坚持实行政务公开，特别是“三公”经费公开，便于监督部门和社会公众提出改进建议，也有利于政府部门更好地推进和坚持控制成本。

（二）控制政府成本的途径

政府成本由政府消费成本、投资成本和决策成本等三部分构成，降低政府成本也主要先从这三个维度考虑，然后再设计有效的成本激励和约束机制。

1. 进一步强化政府人员的成本意识

意识决定行动。近年来政府人员的成本意识在不断提高，但仍需进一步强化。政府人员成本意识不强的原因主要有三：一是政府成本的最终承担者不是政府，而是纳税人，导致政府人员缺乏“粒粒皆辛苦”的真实感受和节约意识。二是有些政府官员对政府成本认识不全面。即使有时考虑到成本问题，但也多限于关注政府直接成本，对政府的机会成本和社会成本关注不够，而这也是政府成本的重要构成要素且有时比直接成本还要高昂。三是虽然对政府成本有了全面的认识，但出于追求“政绩”和成本可分摊至“后任”政府的考虑，而置成本于不顾，说到底还是成本意识不强。针对以上问题，因此，可通过以下途径来进一步增强政府人员的成本意识。一是进一步加强宣传和培训，普及和提升政府人员对政府成本的全面认识和理解，树立正确的政府成本观，这是控制政府成本的最基本出发点。二是要增强纳税人意识，认识到政府成本的来之不易，能够珍惜和节约政府成本。三是培养树立正确的“政绩观”和可持续发展理念，避免为出“政绩”而不惜成本，也不能因为成本可以分摊到后任政府而放任不管。

2. 进一步规范政府职能，合理设置机构和编制，有效控制政府

规模成本

新中国成立以来，我国已进行过七次大规模机构调整，政府职能不断规范，机构和人员都得到有效精简，但机构重叠、层次众多、审批机构多、临时机构多、协调机构多等不合理的机构设置现象仍然存在。这需要以进一步转变政府职能为突破口，切实按照市场经济要求，重塑政府职能的运行机制，科学界定政府边界，合理控制专业性管理部门，规范“大部制”等综合性管理部门的权责，进一步将社会公益性政府部门改制为独立经济实体，进一步清理归并监督和审批部门，坚决撤销一些过时、僵化等与市场经济发展不相适应的政府机构。如媒体曾盛传的事业单位改革，实行聘用制度，竞争上岗，优胜劣汰，打破“铁饭碗”，就非常有利于我国政府成本降低。这会对曾占我国财政支出30%以上的政府支出有一个巨大的压缩空间。

3. 进一步深化财政体制改革，有效控制政府消费成本

政府消费成本曾是政府成本要素中增长最快、控制最难，最易被公众察觉、也是被抱怨最多的成本。自党的十八大以来，党中央从严治党日趋严厉，“四风”得到有效遏制，政府消费成本大幅下降，近几年都出现负增长，这是个好现象，理应继续坚持。各级党委和政府应继续严格按照党中央的决策部署继续深入推进从严治党，严防“四风”反弹。同时，也需要进一步深化财政体制改革，有效安排财政支出。财政收支的一般规律是：社会公共需要决定政府职能，政府职能决定财政职能，财政职能决定财政支出，财政支出决定财政收入。这一机制体现在财政收支关系上便是“以支定收”。因此，在编制财政预算即政府收支计划之前，必须首先明确政府的职能范围，确定“政府究竟应该干什么事”，“究竟需要多少钱”，进而合理界定政府收入规模以明确政府“究

竟可以取得多少钱”。[①] 经过多年的财政体制改革，我国已建立了比较健全的公共财政体系，如建立了部门预算制度和国库单一账户制度，试点推行政府采购和预算绩效的评价等，这对合理安排财政支出，提高财政资金使用效率都大有裨益，应进一步推进和完善。另外，可考虑建立以绩效为导向的政府成本管理模式，即以绩效为依据（如绩效预算）来配置资源，适当放宽成本使用部门的管理权限，将成本管理的重点由投入控制转向通过绩效来控制。

4. 提高政府决策效率，有效降低决策成本

正确的决策是实施有效行政管理的基本前提，失之毫厘，谬之千里。决策失误是行政管理最大的失误，由此造成的各种投入和浪费也大。行政运行机制的目标是建立科学民主的决策程序、准确及时的信息收集反馈程序以及行为规范的执行程序。提高决策效率不仅可降低政府决策成本，还可以有效控制政府投资成本。具体可从以下几个方面着手：一是要树立正确的“政绩观”，决策的结果表现为政府绩效。绩效目标的正确与否直接关系到决策的优劣。因此，要降低决策成本首先要树立正确的绩效导向，建立正确的决策导向，确保决策科学有效。比如要避免决策“面子工程”“昙花工程” 等。二是要建立完善的决策参谋咨询机制，集中专业人才，组建专门智库，建立专家咨询网络，针对地方经济、社会发展的实际情况，广泛开展调查研究，加强分析和探讨，为行政决策提供参考。三是要建立科学的决策程序和方法。坚持群众路线，从群众中来，到群众中去，充分尊重和重视人民群众的实践经验，从群众的社会实践中汲取智慧和方法，提高决策的可行性，确保决策能有利于提高社会福利水平。四是要建立有效的决策方案反馈机制。信息

① 高培勇：《市场化进程中的中国财政体制改革》，中国人民大学出版社 2001 年版，第 12 页。

的收集和反馈是保证决策正确的必要条件。必须重视决策方案执行的反馈工作，可通过调查、汇报以及媒体、研讨会等众多途径来获得决策执行结果的信息，如遇到执行效果不好的决策，可根据实际情况立即更正；下级执行不力的，可采取有效措施，确保正确决策的贯彻执行。五是要不断完善决策结果监督机制。目前我国已建立较健全决策结果部门监管和审计机制，如过程监管、结果审计、党委巡视、问题问责等多种制度，有效督促和提升了政府决策效率，可考虑进一步完善，同时要有决心持续坚持。

5. 建立健全政府成本测控和管理机制，以利于更有效的控制政府成本

研究政府成本的最主要目的就是要对其进行科学、客观的测度和控制，而这是一个庞大的系统工程，需要政府、民众、专家等多方面的协作与配合。第一，建立科学的政府成本目标确立机制。降低成本体现在两个方面：一方面要确立可行的成本目标，使目标相对（包括和往年同期比较和政府间横向比较）降低。另一方面在目标确定之后，即在既定目标的前提下，通过降低消耗、提高效率、加强管理等过程手段来进一步降低成本，使实际成本比目标成本还要低。这两个过程都要求在确定成本目标时必须科学、合理。第二，正确确定政府成本的测度内容及标准。政府成本包括消费成本、投资成本和决策成本。其中消费成本和投资成本比较容易测度，基本都是通过财政预算和财政支出来体现，财政学和会计学都有较完善的度量方法。而决策成本的测度还存在不少困难，包括决策的机会成本和社会成本。前面已经述及，在实际度量政府成本时，机会成本不纳入总量核算范畴，它只是决策时的一个重要参考因子。社会成本理应纳入政府成本的总量核算范畴，但在实际核算时面临着三个问题：一是滞后性问题，它往往会在实际行为发生多年以后才会体现，比如生态破坏、工程坍塌等；二是有些社会成本难以准确度

量，如资源损失、环境破坏等；三是对于能准确度量的社会成本，该如何纳入总量核算。这本属于“历史”成本，但在总量核算时必须纳入当期或未来的成本总量，是一次计入还是多次分摊，都需要根据政府管理学和会计学理论进一步探究。第三，建立完善政府成本测控的信息系统。这要求统计部门及各成本管理和信息管理部门要尽职尽责，严格对政府成本的信息收集、管理、归总、传递及发布，在现有技术条件下尽可能对政府成本进行准确的测度和统计。政府各部门应建立自己的成本信息管理系统，确保信息来源的正确性以及信息传递的畅通性和高效性。有了完善的政府成本测控系统，就可以对各城市政府成本在数量上有一个客观、明晰的评价，当然有的也只能作定性分析，比如政府寻租成本等。这一方面可以使政府清晰地认识行政成本，进而对症下药，有效控制和降低政府成本；另一方面可以使社会准确了解政府成本，有利于对政府成本的监督和进一步控制。

6. 建立健全相关法律法规，加强对政府间接成本的监督和控制

政府直接成本比较容易测度，国家和各地政府均可通过一定的经济手段如计划、财政、货币等政策对其实行有效的控制。但对政府间接成本即机会成本和社会成本来说，存在信息不对称带来的逆向选择和道德风险问题，再加上难以很准确的定量测度，在控制上自然也颇为棘手。只能采取一些合理的措施来对政府行为进行规范和约束。一是加强行政立法，包括决策制定、过程和结果的监督等法律法规，以加强对政府间接成本的制度约束，引导和规范政府行为，促进提升决策的正确性和有效性。二是坚持有法必依，严格维护法律法规的尊严和权威性。对由于政府责任而给社会造成重大损失即发生大规模的机会成本和社会成本者，要严格按照有关规定追究行政甚至是法律责任，以增强政府决策的责任感和使命感。三是进一步加强干部制度改革，任人唯贤，同时加强公务员职业道德建设，不断提高行政素养，养成良好的工作作风，提高

人民使命感意识，最大可能减少甚至避免腐败行为和寻租行为等不良现象的发生。

7. 综合运用现代管理理论，不断改进政府成本的管理方法

西方发达国家已广泛将组织行为学、系统论、信息论、信息技术、网络技术等理论和方法运用到政府行政管理之中。我国现代化建设起步较晚，这些新的理论和方法直到 20 世纪 80 年代才陆续被引入和研究，还没有大规模的自觉运用到政府管理之中。以上各种理论和方法都积淀了人类对行政这一客观活动的认识，都可以为我借鉴和使用，有利于进一步规范政府行为，提高工作效率，以利于降低政府成本。

第三节　提高城市政府绩效的途径

提高城市政府绩效实际上就是要提高城市政府的有效产出。根据前文对政府绩效的测度方法，并借鉴国外提高政府绩效的途径，提高城市政府绩效可遵循以下原则和思路。

一、提高城市政府绩效的原则

1. 有效性原则

这需要结合城市市情，包括城市区位、功能定位、资源禀赋、要素条件以及经济、社会、环境等发展现状，合理确定城市的绩效目标，不能盲目冒进，也不能墨守成规，使制定的绩效目标切实可行。

2. 系统性原则

提高政府绩效不能只追求片面的业绩，需综合统筹推进经济、社会、生态、人文等多方面协同发展，不能顾此失彼，否则不利于城市的

可持续发展。

3. 超前性原则

城市发展就是一部城市成长史，每一项绩效都要经得起历史的检验，不能今年是绩效，明年就失效甚至是失败。故之，提升政府绩效需要有超前眼光，发展方向、发展目标、发展内容、发展速度都需要用长远的眼前来审视，不能茫然冒动。

4. 民主化原则

提升政府绩效的最终目的是为人民服务，过程和结果理应接受人民性群众的监督，因此，绩效过程应尽量公开，并设立公开、透明的反馈渠道，便于群众能够及时反馈意见，政府也应该积极甄别、采纳群众意见，及时改进工作。

二、提高政府绩效的途径

（一）制定切实有效的政府绩效目标

目标是行动的前提。城市政府需结合城市市情制定切实可行的绩效目标。根据前述绩效测度的方案，绩效目标包括总量绩效、结构绩效等多个方面，这需要根据上述制定绩效目标的原则，科学测定单个绩效目标，同时注意不同目标之间的协调，以为政府履行职能并提升绩效提供切实可行的行动标杆。

除政府绩效目标外，政府各部门内部也必须根据城市政府的绩效目标、结合自己部门的实际情况，分解并拟定自己的绩效目标，对本部门的工作计划、任务和标准有一个明确的描述，使员工清楚自己应该做什么，进而才可能去努力做得更好，在工作过程中还可根据标准去自我衡量并不断改进工作，以更好地实现部门绩效目标。公共部门在制订计划、任务和标准的过程中，需要讲究科学的方法，尽量公开和透明，比如可通过员工参与、民意调查与领导决定相结合，使员工能够理解和信服，利于提高工作积极性和创造性进而提高全部门的工作效率。

（二）借鉴西方国家经验，推进政府治理模式变革

西方国家自20世纪80年代就开始进行大规模公共管理运动，积累了丰富的经验，值得我国借鉴。我国经历了20余年的市场经济体制转型，公共管理机制也得到大幅改进，但相对西方国家来讲，还是有很多需要继续改进。戴维·奥斯本等曾为美国政府改革开了“十剂药方”，如掌舵而不是划桨、授权而不是服务、从等级制到参与和合作、用企业精神来克服官僚主义、改革公营部门等。美国著名公共管理大师B·盖伊·彼得斯在总结传统的政府治理特征的基础上，对不同发达程度国家曾进行的政府治理模式进行了归纳和总结，将其概括为四种模式：市场式政府、参与式政府、弹性化政府和解制型政府。具体特征如表7－1所示。

表7－1　四种新治理模式的主要特征

	市场式政府	参与式政府	弹性化政府	解制型政府
主要诊断	垄断	层级节制	永久性	内部管制
结构	分权	扁平组织	虚拟组织	没有特别建议
管理	按劳取酬；运用私人部门的管理技术	全面质量管理；团队	管理临时雇员	更多管理理由
决策	内部市场；市场刺激	协商；谈判	试验	企业型政府
公共利益	低成本	参与；协商	低成本；协调	创造力；能动性

资料来源：［美］B·盖伊·彼得斯：《政府未来的治理模式》，中国人民大学出版社2001年版，第23页。

以上四种模式各有优劣，相互区别又相互补充。模式划分只是对各

国政府改革的一个归纳和总结，并不是政府改革的标杆，仅起参考和借鉴作用，并不需要一个国家或城市只单纯对应一种治理模式。可结合自己的国情或市情去选择一种或一种为主、其他为辅等不同的治理模式来进行政府改革。模式的“名称”并不重要，重要的是治理要取得实效。这些新的政府治理模式对我国政府治理模式创新、提高政府效率都具有重要的借鉴意义。

我国在计划经济时期的政府治理存在比较突出的“官僚主义”现象。官僚主义在100多年前诞生之时也有着积极意义，它打破了极权主义统治的权力滥用，意味着组织方式的理性和效率，给政府工作带来了逻辑规范，利用层次系统的权威和功能分工，使大规模的复杂任务得以有效完成。但它毕竟是等级时代的产物，全球性市场化改革、技术条件的飞速改进以及日益激烈的竞争等新时代产物对传统的官僚制提出了严峻挑战，催生了新公共管理方式的诞生，要求政府必须进行治理方式改革，效仿企业模式，引入竞争机制，倡导创新精神，提高办事效率等。

邓小平同志曾指出我国存在“机构臃肿、办事拖拉、不讲效率、不负责任”等官僚主义现象，在我国已进行的20多年市场化改革进程中，计划体制下的“官僚主义”行为已被根本性动摇。特别是党的十八大以来，以习近平同志为核心的党中央也针对“四风”问题进行了长期的专项整治，效果明显。但长期存在的“官僚主义”意识仍需要进一步彻底根除，严防反弹，政府治理模式仍需要进一步改革和创新：一是进一步学习先进公共管理理论，借鉴发达国家和城市的城市治理经验，不断转变行政理念和价值取向，变“官员”意识为“公仆”意识、变单纯的政治价值取向为服务价值取向、变政治价值和经济价值取向为包含政治、经济、生态等在内的综合价值取向；二是进一步加强制度约束和监督，适时纠偏纠错，督促变革进展，不断规范和改进工作方式；三是进一步推进政府职能转变，严格按照市场经济要求不断转变和规范政府职能，确保政府不“越位”、不“缺位”、不“错位”，只是在市场失灵领域发挥职能；四是随着职能转变适时进行必要且有效的机构调整，本着“精简、统一、效能”的原则，适时推进政府机构改革，逐步消除职能重复、协调不畅、冗员过多、效率低下等不良现象；五是引入竞争机制，进一步推进公共部门非垄断化改革。政府职能可概括为提供公共产品和公共服务。目前公共产品供给市场化改革在随着市场经济体制改革而步步深入，如公私合营（PPP）模式，取得了显著进展。而公共服务的市场化改革相对缓慢，特别是有些政府行政服务，如行政审批、证照办理等，不可能市场化，还有些公共服务如学校、医院等也无法大批量市场化，这些“垄断”现象很难根除，这是目前公共部门低效率的主要原因。因此，通过进一步打破政府“垄断”性供给机制可以提高政府效率。首先，继续扩大公共产品的市场化供给；其次，适当提高学校、医院等垄断性公共服务的市场化供给规模，放开可能放开的公共服务项目，鼓励社会资本参与建设和经营，赋予消费者更多的选择机会，国家可制定更为严格和规范的行业制度进行监管，以保证民营公共服务的质量。最后，对于不能市场化的垄断性公共服务，如行政审批、证照办理等，需要进一步转变行政理念，健全监督和激励约束机制，适度引入内部竞争机制，激励提升服务意识，提高服务效率。

（三）进一步完善公务员制度，健全人才竞争和激励机制

“事在人为”，提高政府绩效最终得落实到单个公务员个人来完成。因此，公务员的综合素养、业务素质以及行政过程中的竞争和激励机制都显得至关重要。一是注重提高公务员的业务素养和道德水平。社会上流行的办事拖拉、推诿扯皮、“冷面瞪眼”、贪图安逸等不愿为、不敢为、不会为、不作为等为官不为的不良现象都是公务员综合素养不高的体现。这需要从公务员招聘到职业培训等一系列工作来逐步改善。公务

员招聘是“万人过独木桥”式竞争，基本都具有良好的学校教育基础和道德涵养，加强职业培训是进一步提升综合素质的又一重要途径。二是强化公务员工作的竞争机制。每个公务员都掌控着一定的行政审批权、资源分配权、业务办理权等，这些公共服务都具有垄断性，无论服务质量优劣，都必须找他去办。而服务的对象又是社会公众，服务反馈渠道并不健全，这样就容易导致公务员出现“干好干坏一个样”的理念，服务效率和质量自然难以提升。因此，需要健全公共服务反馈机制，在公务员中引入竞争机制，能者上、平者让、庸者下，使公务员对自己的工作有一种敬畏感和竞争意识，利于促进服务质量和效率的提升。三是进一步完善公务员工作激励机制。这在每一个行业都会需要，激励约束是促进提升效率的重要手段，在公务员行业也不例外，不外乎薪酬激励、荣誉激励、晋升激励等几种方式，目前我国公务员激励机制已取得一定的进展，可考虑进一步健全和完善，切实能体现任人唯贤、德才兼备、人尽其才的用人机制。

（四）进一步完善政府绩效评估方式，提高绩效评估的力度和权威

绩效评估被普遍认为是提升政府效率的最有效手段。党的十八届三中全会通过的《中共中央关于全面深化改革若干重大问题的决定》指出，要“完善发展成果考核评价体系，纠正单纯以经济增长速度评定政绩的偏向”。李克强总理在2015年《政府工作报告》中指出，要“完善政绩考核评价机制，对实绩突出的要大力褒奖，对工作不力的要约谈诫勉，对为官不为、懒政怠政的要公开曝光、坚决追究责任”。党中央国务院的这些要求都是在强调绩效评估的重要性。目前我国绩效评估已基本普及，各级政府都在结合本地实际开展不同方案的绩效评估，只是亟待进一步完善和规范，提高绩效评估的科学性和权威性。一是需要在全国范围内制定统一且规范绩效评估制度甚至出台相关法规。2011年3

月，国务院批复同意建立政府绩效管理工作部际联席会议制度，正式建立起中央层面推进政府绩效管理工作的领导体制和工作机制。2011 年 6 月，监察部印发《关于开展政府绩效管理试点工作的意见》，正式拉开了我国政府绩效管理的序幕。目前，中央层面的政府绩效管理职责已转移到中编办；地方层面，一些省市政府相继成立了政府绩效管理委员会、办公室或领导小组等机构，但各地绩效管理机构的隶属关系并不统一，有的设在组织人事部门，有的设在纪检监察部门，更重要的是各地开展绩效评估都只是结合本地党委政府的决策部署，并没有强行要求一定体现国家的大政方针和战略导向，难免使绩效评估方案片面追求地方利益而忽视全国利益、片面追求短期利益忽视长期利益等现象。因此，可以考虑出台全国性的政府绩效评估指引或者指导办法等相关制度法规，使全国的绩效评估有统一的方向和指南，这样既地方局部利益与全国大局利益相统一、短期利益与长期利益相统一，最终有利于提高全体政府效率。二是进一步完善绩效评估方案。目前绩效评估基本都是从经济增长、社会发展、民生福利、生态环境、勤政廉政等方面来设计评估指标，对个人绩效评估也主要从“德、能、勤、绩、廉”等五个方面来测评，方向一致，但在二级指标和三级指标的设计上，各地都有自己的特点，有时就只注重局部而忽视全局、注重短期而忽视长远、注重过程而忽视结果或者只注重结果而忽视了过程等等，这都是不合理的，需要设置相应的指标予以纠正避免，不能“一丑遮百俊”，也不能“一俊遮百丑”，而是要指标间相互制衡，使评估结果能全面、真实反映出政府行政的质量和效果。三是注重绩效评估指标的运用。目前政府绩效评估更多的是用于年底评优以及相关的精神鼓励，不可能像企业那样实行大量的物质奖励，可考虑通过其他方式来达到同样的效果，比如评估结果优秀的部门在次年人员晋升等方面给予更多的机会、在学习培训方面给予更多的名额等。另外，如果全国有了统一的评估指南，城市之间就可以进行横向比较，能够相互借鉴、相互督促，也会有利于提高政府绩效的整体水平。

（五）建立健全相关法律法规，完善公务员监督机制

西方国家已制定了一系列控制公务员的法律法规，近年来我国也加大了对公务员的监督力度，特别是党的十八大以来，随着“八项规定”等系列从严治党措施的不断出台和推进，对包括政府官员在内的公务员监督约束显著严格，选人用人、追责问责机制频频出台，“一《准则》一《条例》”、《党政领导干部选拔任用工作条例》和《推进领导干部能上能下若干规定（试行）》等相关规章制度频频出台，持续深入推进党委巡视制度，各行业管理部门也出台了相应的实施细则，初步形成了立体式、全方位的政府监督格局，也取得了良好成效，需要继续坚持和完善，最终利于政府效率的提高。

降低政府成本和提高政府绩效的最终目的都是为了提高政府效率。从二者各自的改进途径可以看出，有很多途径都是“一箭双雕”的，即既有利于降低政府成本，也有利于提高政府绩效。如政府职能的转换、政府机构的改革、在公共部门引入竞争机制和激励机制、财政体制改革、先进管理手段的运用等都同时有利于二者的改进。为免累赘，在行文时并没有一一说明。其实，降低政府成本和提高政府绩效都是一种帕累托改进，二者同时改进势必会提高政府效率；但二者当中若只有一个改进而同时另一个恶化就未必能提高政府效率。故之，只能在不重复的基础上将二者的改进途径分开阐述。

参 考 文 献

（一）中文著作

1. ［澳］欧文·E. 休斯：《公共管理导论》（第二版），中国人民大学出版社 2001 年版。

2. ［澳］休·史卓顿、莱昂内尔·奥查德：《公共物品、公共企业和公共选择》，经济科学出版社 2000 年版。

3. ［德］阿尔弗雷德·格雷纳：《财政政策与经济增长》，经济科学出版社 2000 年版。

4. ［美］史蒂文·科恩、罗纳德·布兰德：《政府全面质量管理：实践指南》，中国人民大学出版社 2002 年版。

5. ［美］B. 盖伊·彼得斯：《政府未来的治理模式》，中国人民大学出版社 2001 年版。

6. ［美］R. 科斯、A. 阿尔钦等：《财产权利与制度变迁》，上海三联书店，上海人民出版社 1994 年版。

7. ［美］阿尔伯特·O. 赫希曼：《退出、呼吁与忠诚》，经济科学出版社 2001 年版。

8. ［美］埃莉诺·奥斯特罗姆：《公共事物的治理之道》，上海三联书店 2000 年版。

9. ［美］爱伦·鲁宾：《公共预算中的政治：收入与支出，借贷与平衡》（第四版），中国人民大学出版社 2001 年版。

10. ［美］戴维·奥斯本、特德·盖布勒：《改革政府》，上海译文出版社 1996 年版。

11. ［美］丹尼尔·A. 雷恩：《管理思想的演变》，中国社会科学出版社 1997 年版。

12. ［美］丹尼尔·F. 史普博：《管制与市场》，上海三联书店，上海人民出版社 1999 年版。

13. ［美］丹尼尔·W. 布罗姆利：《经济利益与经济制度——公共政策的理论基础》，上海三联书店，上海人民出版社 1996 年版。

14. ［美］丹尼斯·C. 缪勒：《公共选择理论》，中国社会科学出版社 1999 年版。

15. ［美］道格拉斯·C. 诺思：《经济史中的结构与变迁》，上海三联书店，上海人民出版社 1994 年版。

16. ［美］弗兰克·费希尔：《公共政策评估》，中国人民大学出版社 2003 年版。

17. ［美］戈登·塔洛克：《寻租——对寻租活动的经济学分析》，西南财经大学出版社 1999 年版。

18. ［美］加里·S. 贝克尔：《人类行为的经济学分析》，上海三联书店，上海人民出版社 1995 年版。

19. ［美］加里斯·摩根：《驾驭变革的浪潮：开发动荡时代的管理潜能》，中国人民大学出版社 2002 年版。

20. ［美］卡尔·帕顿、大卫·沙维奇：《公共政策分析和规划的初步方法》，华夏出版社 2002 年版。

21. ［美］拉塞尔·M. 林登：《无缝隙政府：公共部门再造指南》，中国人民大学出版社 2002 年版。

22. ［美］罗伯特·丹哈特：《公共组织理论》（第二版），华夏出版社 2002 年版。

23. ［美］马克·G. 波波维奇：《创建高绩效政府组织》，中国人民大学出版社 2002 年版。

24. ［美］迈克尔·麦金尼斯：《多中心体制与地方公共经济》，上海三联书店 2000 年版。

25. ［美］迈克尔·麦金尼斯：《多中心治道与发展》，上海三联书店 2000 年版。

26. ［美］曼瑟尔·奥尔森：《集体行动的逻辑》，上海三联书店，上海人民出版社 1995 年版。

27. ［美］帕特里夏·基利、史蒂文·梅德琳：《公共部门标杆管理：突破政府绩效瓶颈》，中国人民大学出版社 2002 年版。

28. ［美］桑贾伊·普拉丹：《公共支出分析的基本方法》，中国财政经济出版社 2000 年版。

29. ［美］史蒂文·科恩、威廉·埃米克：《新有效公共管理者：在变革的政府中追求成功》，中国人民大学出版社 2002 年版。

30. ［美］孙克姆·霍姆斯主编：《公共支出管理手册》，经济管理出版社 2002 年版。

31. ［美］约瑟夫·E. 斯蒂格利茨：《政府为什么干预经济——政府在市场经济中的角色》，中国物资出版社 1998 年版。

32. ［美］约瑟夫·熊彼特：《经济分析史》（第一卷），商务印书馆 2001 年版。

33. ［美］詹姆斯·E. 布坎南：《民主过程中的财政》，上海三联书店 1992 年版。

34. ［日］青木昌彦：《比较制度分析》，上海远东出版社 2001 年版。

35. ［日］植草益：《微观规制经济学》，中国发展出版社 1992

年版。

36. ［英］C. V. 布朗，P. M. 杰克逊：《公共部门经济学》，中国人民大学出版社 2000 年版。

37. ［英］安东尼·B. 阿特金森、［美］约瑟夫·E. 斯蒂格里茨：《公共经济学》，上海三联书店，上海人民出版社 1994 年版。

38. ［英］彼德·M. 杰克逊：《公共部门经济学前沿问题》，中国税务出版社，北京图腾电子出版社 2000 年版。

39. ［英］加雷斯·D. 迈尔斯：《公共经济学》，中国人民大学出版社 2001 年版。

40. ［英］约翰·希克斯：《经济史理论》，商务印书馆 1987 年版。

41. ［英］约翰·伊特韦尔等编：《新帕尔格雷夫经济学大辞典》，经济科学出版社 1992 年版。

42. 财政部财政科学研究所编：《中国财经改革研究报告 1996 ~ 1997》，经济科学出版社 1999 年版。

43. 蔡孝箴主编：《城市经济学》（修订本），南开大学出版社 1998 年版。

44. 陈共主编：《财政学》，中国人民大学出版社 2000 年版。

45. 陈振明编著：《公共政策分析》，中国人民大学出版社 2002 年版。

46. 迟福林主编：《中国改革的下一步》，中国经济出版社 2002 年版。

47. 崔满红主编：《中国财税理论前沿问题研究》（2002 版），中国财政经济出版社 2002 年版。

48. 樊纲：《发展的道理》，生活·读书·新知三联书店，2002 年版。

49. 樊丽明、李齐云等著：《中国地方财政运行分析》，经济科学出版社 2001 年版。

50. 傅志华：《国家财政安全论》，人民出版社 2002 年版。

51. 高培勇、温来成：《市场化进程中的中国财政运行机制》，中国人民大学出版社 2001 年版。

52. 郭鸿懋、江曼奇等：《城市空间经济学》，经济科学出版社 2002 年版。

53. 郭鸿懋：《城市宏观经济学》，南开大学出版社 1995 年版。

54. 侯荣华主编：《中国财政支出效益研究》，中国计划出版社 2001 年版。

55. 胡书东：《经济发展中的中央与地方的关系——中国财政制度变迁研究》，上海三联书店，上海人民出版社 2001 年版。

56. 黄恒学主编：《公共经济学》，北京大学出版社 2002 年版。

57. 黄少军、何华权：《政府经济学》，中国经济出版社 1998 年版。

58. 蒋殿春编著：《高级微观经济学》，经济管理出版社 2000 年版。

59. 蒋青主编：《世界一流经济学名著精缩》，新疆人民出版社 2000 年版。

60. 经济合作与发展组织编：《环境项目和政策的经济评价指南》，中国环境科学出版社 1996 年版。

61. 雷良海：《财政支出增长与控制研究》，上海财经大学出版社 1997 年版。

62. 李连友编著：《国民经济核算学》，经济管理出版社 2001 年版。

63. 李齐云：《分级财政体制研究》，经济科学出版社 2003 年版。

64. 李武好：《中国经济发展中的财政政策和货币政策》，经济科学出版社 2001 年版。

65. 李郁芳：《体制转轨时期的政府微观规制行为》，经济科学出版社 2003 年版。

66. 刘玲玲、冯健身：《中国公共财政》，经济科学出版社 1999

年版。

67. 刘云龙：《民主机制与民主财政——政府间财政分工与分工方式》，中国城市出版社 2001 年版。

68. 娄依兴：《地方财政新论》，中国财政经济出版社 2003 年版。

69. 马传栋：《城市生态经济学》，经济日报出版社 1989 年版。

70. 马德普、霍海燕等主编：《变革中的中国公共政策》，中国经济出版社 1998 年版。

71. 马拴友：《财政政策与经济增长》，经济科学出版社 2003 年版。

72. 马彦琳、刘建平主编：《现代城市管理学》，科学出版社 2003 年版。

73. 毛寿龙、李梅：《有限政府的经济分析》，上海三联书店 2000 年版。

74. 彭德琳：《新制度经济学》，湖北人民出版社 2002 年版。

75. 乔林碧、王耀才编著：《政府经济学》，中国国际广播出版社 2002 年版。

76. 饶会林主编：《中国城市管理新论》，经济科学出版社 2003 年版。

77. 申书海主编：《财政支出效益评价》，中国财政经济出版社 2002 年版。

78. 世界银行编：《1997 年世界发展报告——变革世界中的政府》，中国财政经济出版社 1997 年版。

79. 孙荣、许洁编著：《政府经济学》，复旦大学出版社 2001 年版。

80. 谭崇台主编：《西方经济发展思想史》，武汉大学出版社 1993 年版。

81. 万新平主编：《2002 年天津市经济社会形势分析与预测》，天津社会科学院出版社 2002 年版。

82. 王传纶、高培勇：《当代西方财政经济理论》（上、下册），商务印书馆 1995 年版。

83. 王宏玲编著：《当代西方政府经济理论的演变与借鉴》，中央编译出版社 2003 年版。

84. 王晶：《城市财政管理》，经济科学出版社 2002 年版。

85. 王俊豪：《政府管制经济学导论》，商务印书馆 2001 年版。

86. 王稳：《经济效率因素分析》，经济科学出版社 2002 年版。

87. 王庸君：《中国公共支出实证分析》，经济科学出版社 2000 年版。

88. 文海英主编：《中国政府人工成本》，中国人事出版社 2001 年版。

89. 巫建国：《经济转型期公共财政》，中国财政经济出版社 2000 年版。

90. 徐嵩龄：《中国环境破坏的经济损失计量》，中国环境科学出版社 1998 年版。

91. 许飞琼：《灾害统计学》，湖南人民出版社 1998 年版。

92. 亚洲开发银行编著：《政府支出管理》，人民出版社 2001 年版。

93. 阎坤：《财政改革新论》，中国经济出版社 1999 年版。

94. 杨丹芳：《财政支出经济分析》，上海三联书店 2001 年版。

95. 姚少学、成军等著：《地方财政运行分析系统》，经济科学出版社 2003 年版。

96. 张维迎：《博弈论与信息经济学》，上海三联书店、上海人民出版社 1996 年版。

97. 周概容主编：《统计学原理》，南开大学出版社 1999 年版。

98. 周伟林：《中国地方政府经济行为分析》，复旦大学出版社 1997 年版。

99. 周镇宏、何翔舟:《政府成本论》, 人民出版社2001年版。

100. 周志忍:《当代国外行政改革比较研究》, 国家行政学院出版社1999年版。

101. 朱光磊:《当代中国政府过程》(修订版), 2002年版。

102. 朱光磊编著:《政治学概要》, 天津教育出版社1992年版。

103. 何翔舟:《政府决策的机会成本研究》, 科学技术出版社2010年版。

104. 罗振宇、幸宇:《降低行政成本, 建设节约型政府》, 四川大学出版社2012年版。

105. 樊燕:《政府运行成本管理创新研究》, 中国社会科学出版社2014年版。

106. 卓越:《政府成本控制研究》, 中国社会科学出版社2011年版。

107. 赵爱英:《政府行政成本与绩效研究》, 中国社会科学出版社2009年版。

108. 何翔舟:《政府成本论》, 北京大学出版社2014年版。

109. 李红霞等主编:《财政学》(第三版), 中国财政经济出版社2017年版。

110. 陈共:《财政学》(第八版), 中国人民大学出版社2015年版。

(二) 中文本书

111. 曹闻民:"效率的本质——行政效率论之一",《甘肃行政学院学报》, 2002年第4期。

112. 陈炳水:"论政府行政行为的规范化建设",《社会科学》, 2002年第1期。

113. 陈国权、付旋:"公共政策的非公共化: 寻租的影响",《中国行政管理》，2003 年第 1 期。

114. 但洪敏：“西方公共行政效率研究的新趋势”，《行政论坛》，2001 年第 9 期。

115. 丁煌：“发展中的中国政策科学——我国公共政策学科发展的回眸与展望”，《管理世界》，2003 年第 2 期。

116. 傅小随：“地区发展竞争背景下的地方行政管理体制改革”，《管理世界》，2003 年第 2 期。

117. 郭芬：“试论激励机制的完善和行政效率的提高”，《鲁行经院学报》，2001 年第 5 期。

118. 何增科：“中国转型期腐败和反腐败问题研究”，《经济社会体制比较》，2003 年第 1 期。

119. 贺新宇：“政府体制创新与公共管理职能重塑”，《中国行政管理》，2003 年第 6 期。

120. 胡鞍钢、过勇：“公务员腐败成本——收益的经济学分析”，《经济社会体制比较》，2002 年第 4 期。

121. 湖北省财政厅《降低地方政府运行成本课题组》：“湖北省地方政府运行成本实证分析与研究”，《财政研究》，2003 年第 5 期。

122. 李克：“转轨国家的机制性腐败：一个均衡模型”，《经济社会体制比较》，2003 年第 1 期。

123. 刘尚希：“公共支出范围：分析与界定”，《经济研究》，2002 年第 6 期。

124. 刘文革、张广中等：“道德文化、腐败与经济转型——对中国转型期一个基于道德腐败的经济学分析”，《经济研究》，2003 年第 12 期。

125. 栾艳：“政府绩效审计的国际比较”，《武汉理工大学学报·信息与管理工程版》，2002 年第 6 期。

126. 罗忠恒：“帕金森定律的跨越——怎样提高行政效率”，《湖湘论坛》，2001 年第 4 期。

127. 马宝成：“试论政府绩效评估的价值取向”，《中国行政管理》，2001 年第 5 期。

128. 马骏：“交易费用政治学：现状与前景”，《经济研究》，2003 年第 1 期。

129. 母天学：“对美国政府绩效考评活动的考察”，《行政论坛》，2001 年第 9 期。

130. 聂江武、王会金：“论政府绩效审计的必要性与发展趋势”，《广西审计》，2001 年第 1 期。

131. 陶然、刘明兴等：“农民负担、政府管制与财政体制改革”，《经济研究》，2003 年第 4 期。

132. 汪向东：“行政效率低下的成因和提高行政效率的途径”，《人文杂志》，2002 年第 2 期。

133. 吴权伟：“我国改革开放以来行政效率性质研究综述”，《福建行政学院经济管理干部学院学报》，2001 年第 4 期。

134. 吴湘玲、朱登兴：“城市公共服务市场化——提高行政效率的一种探讨”，《社会主义研究》，2001 年第 3 期。

135. 薛冰：“行政效率、行政决策、行政体制——公共行政研究的三次转向”，《人文杂志》，2003 年第 2 期。

136. 薛全荣：“试论提高我国地方政府行政效率的基本途径”，《上海行政学院学报》，2001 年第 1 期。

137. 张继勋：“国外政府绩效审计及其启示”，《审计研究》，2000 年第 1 期。

138. 赵玉华、王桂元：“政府绩效审计的理论依据、内容和目标”，《审计理论与实践》，2000 年第 8 期。

139. 郑云峰、卓越："21 世纪行政发展的新亮点——福建厦门市思明区开展公共部门绩效评估的探索"，《中国行政管理》，2003 年第 2 期。

140. 周志忍："公共性与行政效率研究"，《中国行政管理》，2000 年第 4 期。

141. 周志忍："行政效率研究的三个发展趋势"，《中国行政管理》，2000 年第 1 期。

（三）英文文献

142. Anderson James E.: Public Policy Making, Third Edition, New York: Holt, Rinehart and Winston, 1989.

143. Ansoff, H. Igor: The New Corporate Strategy, New York: John Wiley, 1988.

144. Boston, J.: Public Management: The New Zealand Model, Auckland: OxfordUniversity Press, 1996.

145. Bozeman, Barry: Public Management and Policy, New York: Stmartin's Press, 1979.

146. Bryson, John M.: Strategies Planning for Public and Nonprofit Organizations, San Francisco: Jossey - Bass, 1988.

147. Buchanan, James, Robert D. Tollison and Gordon Tullock, eds: Toward a Theory of the Rent-seeking Society, College Station: Texas A&M University Press, 1962.

148. Downs, Anthony: An Economic Theory of Democracy, New York: Harper and Row, 1957.

149. Drucker, Peter F.: Managing for the Future: The 1990s and Beyond, Oxford: Butterworth Heinemann, 1992.

150. Gemmell N.: The growth of the public sector, Aldershot: Edward

Elgar, 1993.

151. Gray, John: The Moral Foundations of Market Institutions, The IEA Health and Welfare Unit, 1992.

152. Hood, Christopher: Explaining Economic Policy Reversals, Melbourne, Macmillan, 1994.

153. James Gosling: Budgetary Politics in American Governments, 2nd ed., New York: Garland, 1997.

154. Kahn Mark E.: Environmental Democracy in the United States, In Controversies in Environmental Policy, Sheldon Kamieniecki, Robert O'Brien, and Michael Clarke, eds., Albany: State University of New York Press, 1986.

155. Kooiman, Jan (ed.): Modern Governance: New Government – Society Interactions, Sage Publications, 1993.

156. Mullins, Laurie J.: Management and Organizational Behaviour, Forth Edition, London: Pitman, 1996.

157. OECD: Governance in Transition: Public Management Reforms in OECD Countries, 1996.

158. Ostrom, Elinor: The Intellectual Crisis in American Public Administration, The University of Alabama Press, 1989.

159. Quade ES.: Analysis for public Decisions, 3rd ed., New York: Elsevier Science Publishers, 1989.

160. Scott, W. R.: Organizations: Rational, Natural, and Open Systems, New Jersey: Prentice – Hall, 1992.

161. Scott, Graham C.: Government Reform in New Zealand, Washton, D. C.: International Monetary Fund, 1996.

162. Self, Peter: Government by the market, Westview Press, 1993.

163. Shadish William R. , Jr. Thomas D. Cook: Foundations of program evaluation, Newbury Park, CA: Sage publications, 1991.

164. Thompson, Arthur A. and Strickland, A. J. : Strategic Management: Contents and Cases, Fifth Edition, Homewood: BPI Irwin, 1990.

165. U. S. General Accounting Office: Effective Implementing the Government Performance and Results Act, WashingtonD. C. : Government Printing Office, 1996.

166. U. S. General Accounting Office: Performance Budgeting: State Expenditures and Implications for the Federal Government, Washington, DC: GAO, 1993.

167. U. S. General Accounting Office: Performance Measurement: An important tool in Managing for Results, Washington, DC: GAO, 1992.

168. Vansant, Jeery: "The use of program performance information by USAID field missions" Center for International Development Working Paper, Research Triangle Park, NC, 1991.

169. Wilenski, Peter: Budget Innovation and Reform, in D. J. Hardman (ed.) Government Accounting and Budgeting, Sydney: Prentice – Hall, 1982.

170. Williamson, Oliver: The Mechanisms of Governance, New York, N. Y. : Oxford University Press, 1996.

171. World bank: Governance and Development, Washington, D. C. : World Bank, 1992.

（四）英文书本

172. Alfred Greiner: Growth and Welfare Effects of Fiscal Policy in an Endogenous Growth Model with Public Investment, International Tax and

Public Finance, 5 (1998), pp. 249 – 261.

173. Andrei Shleifer: Government in transition, European Economics Review 41 (1997), pp. 385 – 410.

174. Arthur Snow, Ronald S., Warren, Jr.: The marginal welfare cost of public funds: Theory and estimates, Journal of Public Economics, 61 (1996), pp. 289 – 305.

175. Aschauer D. A.: Is public expenditure productive? Journal of Monetary Economics, 23 (1989), pp. 177 – 200.

176. Barro R. J.: Government spending in a simple model of endogenous growth, Journal Political Economy, 98 (1990), pp. 103 – 125.

177. Barro R. J.: Output effects of government purchases, Journal of Political Economy, 89 (1981), pp. 1086 – 1121.

178. Buchanan, James: An Economic Theory of Clubs, Economics, February, 1965.

179. Coase, Ronald: The problem of Social Cost, in Journal of Law and Economics, oct. 1960, 3. pp. 1 – 44.

180. David Martimort: The multiprincipal nature of government, European Economics Review 40 (1996), pp. 673 – 685.

181. Eadie, Douglas C.: Putting a Powerful Tools to Practical Sector, Public Administration Review, 43, pp. 447 – 452.

182. Einar Bowitz, Maj Dang Trong: The social cost of district heating in a sparsely populated country, Energy Policy 29 (2001), pp. 1163 – 1173.

183. Eric Rasmusen: Observed choice and optimism in estimating the effects of government policies, Public Choice 97, 1998, pp. 65 – 91.

184. Gerhard Glomm, B. Ranikumar, Productive government expendi-

tures and long-run growth, Journal of Economics Dynamics and Control, 21 (1997), pp. 183 – 204.

185. Godswill Makombe & R. K. Sampath: A benefit-cost analysis of smallholder irrigated farms in Zimbabwe, Irrigation and Drainage Systems, 13 (1999), pp. 1 – 12.

186. Hall, G., Rosenthal, J., and Wade, J.: How to make Re-engineering Really Work, Harvard Bussiness Review, Nov – Dec, 1993, pp. 119 – 131.

187. Heckman J., Robb R., Alternative models for evaluating the impact of interventions: An overview, Journal of Econometrics, 30 (1985a), pp. 239 – 267.

188. Jeannette Taylor: Efficiency by Performance Indicators? Evidence from Australian Higher Education, Tertiary education and management, 7 (2001), pp. 41 – 55.

189. Judd K. L.: Short-run analysis of fiscal policy in a perfect foresight model, Journal of Political Economy, 93 (1985), pp. 298 – 319.

190. Kenichi Tsukahara: Independent and joint provision of optional public services, Regional and Urban Economics 25 (1995), pp. 411 – 425.

191. Kormendi R. C.: Government debt, government spending, and private sector behavior, American Economic Review 73 (1983), pp. 994 – 1010.

192. Lewis S. Davis: The division of labor and the growth of government, Journal of Economics Dynamics & Control 27 (2003), pp. 1217 – 1235.

193. Lynde C., J. Richmond: Public capital and total factor productivity, International Economic Review, 34 (1993), pp. 401 – 414.

194. Lynn LEJR：A place of the table：policy analysis，its postpositive critics，and the future of practice，Journal of Policy Analysis and Management，（18）1999，pp. 411 –424.

195. Makombe G.，Sampath R. K.：An economic evaluation of small holder irrigation：Case studies in Zimbabwe，International Journal of Water Resources Development，14（1998），pp. 79 –92.

196. Margarita Katsimi：Explaining the size of the public sector，Public Choice 96，1998，pp. 117 –144.

197. Norton – Griffiths，Michael；Southey，Clive：The opportunity costs of biodiversity conservation in Kenya，Ecological Economics，Vol. 12，Issue：2，February，1995，pp. 125 –139.

198. Poister Theodore H.，Gregory Streib：Management tools in municipal government：Trends over the past decades，Public Administration Review，May/June，1989，pp. 240 –246.

199. Rafael La Porta：The Quality Of Government，The Journal of Law Economics & Organization，V15 N1，1999，pp. 222 –279.

200. Roger Lawrey：Full social cost pricing in the energy sector，International Journal of Social Economics，Vol. 26，No 7/8/9，1999，pp. 925 –944.

201. Stefan Folster，Magnus Henrekson：Growth effects of government expenditure and taxation in rich countries，European Economics Review 45（2001），pp. 1501 –1520.

202. Stephen J. Turnovsky，Walter H. Fisher：The composition of government expenditures and its consequences for macroeconomic performance，Journal of Economic Dynamics and Control，19（1995），pp. 747 –786.

203. Stern N.，Public policy and the economics of development，Euro-

pean Economics Review, 35 (1991), pp. 241 -271.

204. Swiss, J. E.: Adapting Total Quality Management (TQM) to Government, Public Administration Review, July - Aug, 1992, 52 (4), pp. 356 -361.

205. Tatom J.: Public capital and private sector performance, Federal Reserve Bank of St. Louis Review, 73 (1991), pp. 3 -15.

206. The office for Needs Assessment and Planning, FloridaStateUniversity: Assessment of Florida Government Cost Savings (1980 - 1997), Reported by Florida TaxWatch, 1997.

207. Thomas J. Cook, Jerry Vansant, Leslie Stewart: Performance Measurement: Lessons Learned for Development Management, World Development, Vol. 23, No. 8, 1995, pp. 1303 - 1315.

208. VernonHenderson: Urban primacy, external costs, and quality of life, Resource and Energy Economics 24 (2002), pp. 95 - 106.

209. Warren E., Walker: Policy Analysis: A Systematic Approach to Supporting Policymaking in the Public Sector, Journal of Multi-criteria Decision Analysis, 9 (2000), pp. 11 -27.

210. Wholey Joseph S., Harry P. Hatry: The cost for performance monitoring, Public Administration Review, Vol. 52, No. 6, pp. 604 -610.

211. Widner M.: Iowa Quality Government, Presentation to The Policymakers Institute, St. Louis, Mo., sponsored by the Danforth Foundation, Aug. 1996.

后　记

本书是在我的博士论文基础上修改而成的。2016 年去看望已年过八旬的导师郭鸿懋先生，老师再次提及让我将论文出版。我虽知先生饱含谬赞，仍决定不揣浅陋，将拙文修改付梓。

遥想当年，论文能如期面世，首先归功于导师郭鸿懋教授。从论文的选题、构思、写作、修改到最终定稿，先生都付出了莫大的心血。记得论文的选题还是先生在一年级寒假期间打电话告诉我的，由于当时有关该选题的研究甚寥，先生颇费心血，时刻关注研究动态，众多火花都源于先生的教诲和交流之中。论文的出炉意味一个阶段的结束，但先生渊博的学识、严谨的治学态度、低调谦逊的处世哲学使我感触深刻。在拙作出版之际，先生身体欠佳，仍抱病欣然为本书作序，师恩不言谢，将永铭心底！在博士论文写作过程中，郝寿义教授、刘秉镰教授、江曼奇教授等给予了重要指导和帮助，在此深表感谢！同时，还要感谢踪家峰、黄楠、王志峰、高雪莲、曹廷求、靳涛、陈荣平、孙国强、刘超等很多博士学友，相互商讨、鼓励，为论文写作增添了很多动力和创意；在资料收集过程中，得到了华中师范大学张贯一教授、北京大学罗美云博士、中国社会科学院张征女士等的大力帮助，在此一并致谢！

博士毕业后，有幸到财政部财政科学研究所师从著名财政学专家王朝才研究员从事国家资助博士后研究，受益至深，老师渊博的学识、严密的逻辑思维和爽朗豁达的处世哲学对我以后的学习和工作产生了莫大的影响！特别感谢国家开发银行原副行长高坚博士，对我博士后期间及此后的研究工作给予了巨大的指导和帮助！感谢工作中的领导和同事们，为我提供了宽阔的平台，使我在工作之余完成书稿修改。感谢经济科学出版社领导和工作人员，为本书的出版付出了艰辛努力。

借此特别感谢我已故的父母，他们对我成长和求学过程中的无私付出，无以言表！感谢家人和女儿，在博士论文写作期间，适逢爱女邹宜芳出世，陪伴甚少，每当我才思枯竭在看到她可爱笑脸而又增添写作动力时，心中也充满了很多歉意！

本书定稿之际，回望至首。廿一载寒窗，始成拙作。理论推导模型，还待实践量。读书格物致知，养性修身厚德，文行忠信扬。作到知羞处，方知艺浅尝。志于道，据于德，促相长。岁月如驹过隙，朝干夕惕仰。唯恐偎慵堕懒，但求发奋图强。勤能补拙记，求索无止疆。

邹治平

2017年3月